어린이를 위한
**채소 과일식**

copyright ⓒ 2024, 조승우
이 책은 한국경제신문 한경BP가 발행한 것으로
본사의 허락 없이 이 책의 일부 또는 전체를 복사하거나
전재하는 행위를 금합니다.

 한약사 조승우 선생님이 알려주는
식습관 개선 프로젝트

# 어린이를 위한
# 채소 과일식

조승우 글 | 오승만 그림

한경키즈

## 저자의 말

어린이 여러분, 만나서 반갑습니다. 《채소 과일식》 《완전배출》을 쓴 한약사 조승우입니다. 저는 요즘 방송이나 유튜브에 열심히 출연하고, 인터넷 카페도 운영하면서 많은 사람들에게 이렇게 외치고 있어요.

"채소와 과일 같은 살아 있는 음식을 드세요! 그래야 병 없이 건강하고 오래 삽니다!"

더불어 가공식품, 라면, 탄산음료, 우유, 고기, 떡볶이, 햄버거, 치킨, 피자 이런 음식을 먹지 않거나 줄여야 한다고 주장하고 있죠. 그러면 많은 사람들이 항의하고 반대합니다.

"그럼 대체 뭘 먹으란 거예요?"

"성장기 아이들과 근육 손실이 일어나는 노인들에게 단백질은 중요하니 고기나 우유를 챙겨 먹어야 하는 거 아닙니까?"

"과일도 많이 먹으면 건강에 안 좋아요. 과일에도 당이 얼마나 많은데요."

아마 이 책을 읽기 시작한 어린이들 중에도 이런 생각을 하고 있는 친구들이 많을 거예요.

"저는 밥 없이는 살아도 치킨 없이는 못 살아요."

"채소는 이상한 냄새도 나고 맛도 없어요."

이렇게 투덜거리는 친구들의 목소리가 들리는 것 같네요. 하지만 우리가 알고 있던 상식과 편견을 버리면 기적이 일어납니다. 어떤 기적이냐고요? 오랫동안 앓고 있던 비염, 아토피, 두통, 소화불량 같은 병이 놀랍도록 좋아지거나 사라지고, 특별히 다이어트를 열심히 한 것도 아닌데 살이 쪼옥 빠지고, 병원 가는 일도 반으로 줄어듭니다. 단지 식습관을 바꾸는 것만으로요.

　거짓말 같은 일이죠? 하지만 하루 중 한 끼만 채소 과일식으로 바꾸고, 늘 입에 달고 살던 공장에서 만든 음식들을 줄이거나 끊으면 실제로 이런 거짓말 같은 일들이 일어난답니다. 저도 직접 경험한 일이고요.

　우리는 지금 영양 과잉 시대에 살고 있습니다. 우리가 앓고 있는 병의 대부분은 영양이 부족해서가 아니라, 영양이 지나치게 많아서, 먹지 않아도 될 음식을 너무 많이 먹어서 생깁니다. 뿐만 아니라 더 달콤하고 더 맵고 더 짜고 더 다양한 맛을 개발하고 추구하면서 사람에게 해가 되는 물질이 음식에 함유되거나 조리 과정에서 나쁜 물질이 생겨나면서 병을 얻게 되었죠. 햄, 베이컨, 소시지 등의 가공육과 육류에는 발암물질이 포함되어 있고, 감자를 튀기거나 고기를 구울 때 발암물질이 생성된다는 건 이미 많은 사람들이 알고 있어요.

공장에서 만들어낸 음식은 어떤가요? 온갖 첨가물이 음식 안에 가득 들어 있습니다. 그런데도 우리는 이런 음식들을 계속 먹고 있죠. 유제품이 성장 발달을 저해하고 비염이나 아토피와 같은 만성 질환과 관련 있다는 사실이 밝혀지고 있는데도 귀를 막고 들으려 하지 않습니다.

왜일까요? 불편하니까요. 자신이 알고 있던 상식을 버리는 건 쉬운 일이 아니거든요. 그리고 이미 길들여진 입맛을 바꾸거나 고치기도 어렵죠. 하지만 인생에서 가장 소중하고 중요한 건강은 언제나 우리 곁에 있지 않습니다. 우리의 소중한 건강을 익숙함과 편리함 때문에 포기해서는 안 됩니다.

야식으로 먹는 치킨과 떡볶이, 출출할 때 먹는 초콜릿과 케이크, 기분 좋은 날 먹는 삼겹살과 갈비가 얼마나 맛있는지 잘 알고 있습니다. 저도 그런 음식들을 정말 좋아했거든요. 나중에 건강을 잃은 뒤에야 내 건강을 뺏어간 원인이 이런 음식들이었다는 걸 알게 되면서 작별을 고했지만요. 하지만 건강을 잃고 나서 식습관을 바꾸는 것보다 건강할 때 나쁜 식습관을 버리는 게 평생 건강을 위해 훨씬 바람직합니다. 그리고 어렸을 때부터 식습관이 잘 잡혀 있어야 기초 체력이 좋아지죠.

지금부터 시작해도 늦지 않습니다. 온 가족이 함께 제가 권하는 채소 과일식을 2주만 실천해 보세요. 이미 2만 명이 함께하고 있는 인터넷 카페 '예방원'에서도 채소 과일식의 효능을 확인할 수 있습니다. 우리 스스로 공부하고 믿음과 신념을 갖고 무엇을 먹을지 선택할 때 우리의 건강과 인생도 달라집니다.

저는 건강이란 어떠한 상황에서도 포기하지 않고 즐겁게 살 수 있는 힘이라고 생각합니다. 설령 큰 시련이나 아픔이 들이닥쳐도 희망을 잃지 않도록 우리를 지켜주는 힘이 바로 건강입니다. 존재만으로도 소중하고 가치 있는 여러분의 삶이 더욱더 건강하게 빛나길 바랍니다.

기억하세요. 최고의 치유는 예방입니다.

더 많은 어린이가 건강하고 행복하길 바라며
예방원에서 **조승우**

# 차례

저자의 말     004
프롤로그 _ 아수라 발라타, 도사님이 나타났다!     011

## 1. 먹고 싶은 걸 마음껏 먹다 보면
### 맛있는 걸 어떡해!

마트가 우리 집이었으면     018
방귀 대장 건이, 입 냄새 대장 강이     030
쌍둥이 인생의 적, 비염과 아토피     039
**잠깐! 건강 상식** 우유는 정말 완전식품일까?     047
통통한 게 죄인가요?     048

## 2. 우리 몸이 알려주는 건강 위험 신호
### 도사님이 대체 누군데!

다이어트에서 해방시켜 줘     060
하늘에서 떨어진 도사님?     064
도사님이 도사님이 된 이유     074
호모 사피엔스가 채식주의자였다고?     081
**잠깐! 건강 상식** 호모 사피엔스 시대의 식생활이 궁금해?     094

치킨, 소시지가 없는 시대라니 　　　　　　　　　　095
건강한 밥상? 맛없는 밥상! 　　　　　　　　　　　103
엄마는 절대 흔들리지 않아! 　　　　　　　　　　114

**살아 있는 진짜 음식을 먹어야 하는 이유**

## 3  채소 과일식이 뭐야?

장에서 대체 무슨 일이 일어나고 있는 거야? 　　　124
장아, 정말 미안해 　　　　　　　　　　　　　　　133
　`잠깐! 건강 상식`　장 건강이 왜 그렇게 중요할까? 　143
진짜 음식? 가짜 음식? 　　　　　　　　　　　　　144
　`잠깐! 건강 상식`　가짜 음식은 이제 그만! 　　　　157
텃밭은 신선한 식량 창고 　　　　　　　　　　　　158
설탕 폭탄은 저리 가! 　　　　　　　　　　　　　　169
　`잠깐! 건강 상식`　인공감미료는 왜 나쁠까? 　　　175

## 4 효과 만점 평생 가는 건강 습관
## 까주스 더 주세요!

| | |
|---|---|
| CCA 주스 더 없어요? | 178 |
| 7 대 3의 법칙을 지켜라 | 187 |
|  잠깐! 건강 상식  채소와 과일을 많이 먹어야 하는 이유 | 195 |
| 오늘부터 임금님 다이어트 | 196 |
| 방귀 대장, 입 냄새 대장은 이제 안녕 | 205 |
| 잠깐! 건강 상식  우리 몸에서 보내는 위험 신호 | 211 |
| 건강원정대의 마지막 탐험 | 212 |
| 건강 지킴이 건이, 환경 지킴이 강이 | 221 |
| 에필로그 | 230 |

# 체육시간

# ① 먹고 싶은 걸 마음껏 먹다 보면

## 맛있는 걸 어떡해!

# 마트가 우리 집이었으면

"신상 라면 맛보고 가세요!"

한 대형 마트의 시식 코너. 매콤한 라면 냄새가 진동한다.

"한번 맛보고 가세요."

마트 직원의 말에 쌍둥이 남매인 건이와 강이의 발길이 저절로 시식 코너를 향한다.

"라면은 안 돼!"

엄마가 다급하게 외치지만 소용없다. 건이와 강이는 이미 시식용 종이컵에 담긴 라면을 하나씩 받아 들고 면발을 맛보고 있었다.

"중국집 짬뽕처럼 해산물 풍미가 제대로 살아 있어요. 건더기가 푸짐하고 면발이 쫄깃해서 요즘 아주 인기랍니다. 행사할 때

저렴하게 들여가세요."

마트 직원의 말이 끝나기 무섭게 건이와 강이가 감탄한다.

"우아, 진짜 맛있다! 엄마도 먹어 봐요."

"엄마, 우리 이거 사요, 네?"

쌍둥이가 졸라댔지만 엄마는 단호하게 고개를 저었다.

"안 돼. 저번에 산 라면도 아직 많잖아. 엄마가 뭐랬지? 집에 라면 쌓아 두지 말랬지!"

"그래도 먹고 싶다고요!"

어젯밤, 건이와 강이는 평소에 엄마 모르게 즐겨 보던 먹방 유튜버의 영상을 함께 봤다. 먹방 유튜버인 먹짱은 무슨 음식이든 산처럼 쌓아 두고 어마어마한 양을 맛있게 먹어 치우는 영상으로 먹방 팬들 사이에서 인기다. 먹짱은 특히 라면을 좋아하는데 어제 먹짱이 먹은 게 바로 이 신상 짬뽕 라면이었다.

"자, 면발이 아주 꼬들꼬들하게 잘 익었어요. 여러분도 보이시죠? 어때요, 맛있겠죠?"

먹짱이 카메라 가까이에 라면 면발을 들이댔다. 화면에 먹음직스러운 면발이 가득 들어왔다. 그 화면을 보고 있으니 건이와 강이의 입안에 군침이 돌았다. 당장이라도 김이 모락모락 나는 면발을 입에 호로록 넣고 매콤한 국물을 맛보고 싶었다. 화면에서 눈을 떼지 못한 쌍둥이가 동시에 침을 꼴깍 삼켰다.

먹짱은 젓가락으로 면발을 한 움큼 건져서 입에 넣었다. '후루룩, 후루룩' 하는 소리를 내며 면을 세차게 빨아들이는 '면치기'가 시작됐다. 라면 면발이 먹짱의 입속으로 마구 빨려 들어갔다. 진공청소기가 먼지를 빨아들이는 것처럼 면발은 눈 깜짝할 새 사라졌다. 먹짱은 면발을 제대로 씹지도 않고 꿀꺽 삼켰다. 그리고 빠른 속도로 라면을 열 개나 먹었다.

"여러분, 안녕히 계세요. 오늘도 맛있게 잘 먹었습니다!"

유튜브 영상을 끝까지 본 쌍둥이는 늦은 밤까지 잠들지 못했다. 분명 저녁으로 카레를 든든하게 먹었는데 배에서 꼬르륵 소리가 나고 라면 생각이 머리에서 떠나지 않았다. 침대에 누워서도 건이와 강이는 라면 생각에 잠을 잘 수가 없었다.

'아까 먹짱 표정을 보니까 진짜 맛있나 봐.'

'나도 먹어 보고 싶다. 너무 맛있을 것 같아.'

'내일 마트에 가면 엄마한테 꼭 사달라고 해야지.'

쌍둥이는 이런 생각을 하며 밤늦게야 잠이 들었다.

그런 상태로 마트에 왔으니 엄마의 잔소리에 물러설 쌍둥이가 아니었다. 먹짱이 후루룩 후루룩 맛있게 먹던 짬뽕 라면을 꼭 사고야 말겠다는 의지가 활활 타올랐다. 마음 같아서는 먹짱처럼 열 개씩 끓여서 먹고 싶다. 그래서 더 이상은 라면을 사 주지 않겠다는 엄마의 말을 따를 수가 없었다. 건이와 강이는 시식 코너에 버티고 서서 엄마에게 애절한 눈빛을 보냈다. 오늘따라 엄마도 쌍둥이를 매섭게 노려보았다. 절대로 눈싸움에서 지지 않겠다는 기세였다.

"시식 다 하셨으면 옆으로 좀 비켜 주세요."

어느 새 몰려든 손님 중에 한 아주머니가 쌍둥이와 엄마를 향해 불만스러운 듯 말했다. 그러자 옆에 서 있던 다른 손님들도 쌍둥이를 바라보며 얼굴을 찡그렸다. 하지만 쌍둥이는 비킬 생각이 없어 보였다. 사람들의 시선이 따가워지자 엄마도 더 이상은 어쩔 수가 없었다. 엄마는 한숨을 푹 쉬며 말했다.

"한 팩만 사. 두 개는 안 돼."

"앗싸! 고마워요, 엄마!"

건이와 강이가 펄쩍 뛰면서 얼른 라면 한 팩을 카트 안에 집어넣었다. 쌍둥이 얼굴에 함박웃음이 번졌다.

'휴, 라면이 저렇게 좋을까….'

엄마는 고개를 절레절레 흔들며 시식 코너에서 발길을 돌렸다. 이번에는 절대 쌍둥이한테 지지 않겠다고 마음먹었지만 이번에도 실패했다. 마트에만 오면 엄마와 쌍둥이는 늘 눈치 싸움을 벌인다. 쌍둥이는 냉동식품, 탄산음료, 아이스크림, 라면, 과자를 무턱대고 카트에 담으려 했고, 엄마는 하나라도 덜 사게 말리느라 정신이 없었다.

"얘들아, 아이스크림은 안 돼. 어제도 두 개나 먹었잖아!"

"엄마, 이건 다른 맛이란 말예요. 이건 한 개만 먹을게요."

매번 이런 식이었다. 사람 많은 곳에서 졸라대니 큰 소리로 싸울 수도 없고, 엄마는 매번 어쩔 수 없이 쌍둥이가 카트에 담는 음식을 바라보고 있을 수밖에 없었다. 문제는 그것만이 아니었다. 쌍둥이를 본 사람들은 아이들과 카트를 번갈아 바라보며 엄마를 한심하게 쳐다보기도 했다.

"애들이 저렇게 뚱뚱한데 엄마가 관리를 안 해주나 봐."

"아직 초등학생 같은데 벌써부터 저렇게 뚱뚱하면 어쩌려고 그래?"

"저런 것만 먹으니까 살이 찌지."

사람들이 숙덕거리며 나누는 귓속말은 엄마 귀에도 다 들렸다. 속상하고 기분이 나빴지만 따질 수도 없었다. 다 맞는 말이니까 말이다. 그러다 보니 엄마는 쌍둥이와 마트에 가는 게 점점 싫어졌다. 그래서 되도록 혼자 가서 그때그때 필요한 물건만 사 오는 걸로 작전을 바꿨지만, 주말만 되면 쌍둥이는 마트에 가자고 엄마를 졸라댔다. 하루 종일 엄마를 졸졸 쫓아다니면서 졸라대는데 안 들어줄 수가 없었다. 처음에는 화도 내보고 모르는 척해 보기도 했다. 하지만 그렇게 냉정하게 굴고 나면 저렇게 먹고 싶어 하는데 먹지 못 하는 아이들이 스트레스를 받고 불만만 쌓여 갈까 봐 마음이 슬그머니 약해졌다.

'그래. 골고루 잘 먹고 운동하면 되지, 뭐.'

하지만 운동은 언감생심, 꿈도 못 꾸었다. 쌍둥이는 운동을 하느니 차라리 공부를 하겠다고 할 만큼 운동을 싫어했다. 강아지도 아니고, 안 간다는 아이들을 억지로 끌고 나갈 방법이 없었다. 그렇게 쌍둥이는 살은 더 쪘고, 식습관은 조금도 변하지 않았다. 엄마의 스트레스만 쌓여 갔다.

집에 돌아오자마자 건이와 강이는 신발을 벗어 던지고 주방으로 돌진했다. 마치 서로 계획이라도 짜 놓은 듯 두 아이의 손발이 척척 맞았다. 건이는 라면을 끓일 준비를 하고, 강이는 수저를 놓았다. 그러고는 의자에 앉아 물이 끓기만을 기다렸다. 마트에 가기 전에도 간식으로 우유와 빵을 먹은 아이들이었다. 고작 두 시간 전에 말이다.

"아, 기대된다. 우리 소시지도 넣어서 먹을까?"

건이가 강이를 보며 잔뜩 신난 얼굴로 말했다.

"좋아! 밥도 말아 먹자!"

강이도 박수를 치며 맞장구를 쳤다. 그러자 엄마가 빼액 소리를 질렀다.

"안 돼! 면만 먹어! 국물은 엄마가 버릴 거야!"

하지만 쌍둥이는 엄마의 잔소리를 듣는 둥 마는 둥 라면 먹을 생각에 신이 났다. 매번 듣는 잔소리니 귀에 들어오지도 않았다.

"엄마 말 들었지? 국물에 밥은 안 돼!"

엄마는 아이들에게 단호하게 말한 뒤 소파에 앉아 한숨을 푹 내쉬었다. 어떻게 하면 아이들 식습관을 바꿔 줄 수 있을까 곰곰이 생각해 봤지만, 도무지 돌파구가 보이지 않았다. 주방에서

는 쌍둥이의 라면 먹는 소리가 들려왔다. 엄마는 아이들이 면발을 다 먹자마자 주방으로 달려가려고, 소파에서 몸을 일으키면서 텔레비전을 틀었다. 마침 건강 프로그램이 방송되고 있었다. 프로그램 진행자가 말했다.

"아이들 식습관 때문에 걱정하는 부모님이 많은데요. 가장 큰 문제는 무엇일까요, 선생님?"

프로그램의 주제는 'SOS 아동 비만'이었다. 엄마는 이때다 싶어서 쌍둥이가 들었으면 하는 마음으로 텔레비전 볼륨을 높였다. 진행자 맞은편에는 단무지 같은 노란색 수트를 입은 남자가 앉아 있었다. 엄마는 푸하 웃음을 터뜨렸다.

"옷이 저게 뭐야? 희한한 선생님이네."

자막을 보니 '국민 건강 지킴이 한약사'라고 쓰여 있었다. 엄마는 남자에 대한 호기심이 샘솟아서 소파에 다시 앉았다.

"아이들 식습관 때문에 걱정하는 부모님 정말 많으시죠?"

단무지 쌤이 화면을 똑바로 바라보며 말을 시작하자 엄마는 괜히 쌤이 자기를 보고 말하는 것 같아 허리를 세우고 똑바로 앉았다.

"아이들이 가공식품을 너무 많이, 진짜 너어무~ 많이 먹습니다. 제가 단언합니다! 가공식품은 한마디로 죽은 음식이에요! 과일이나 채소처럼 살아 있는 음식이 아닙니다. 특히 아이들이 좋아하는 라면과 치킨, 이걸 너무 자주, 너무 많이 먹으면 몸이 어떻게 될까요?"

단무지 쌤이 진행자에게 얼굴을 들이밀며 물었다. 진행자가 부담스러운 듯 뒤로 몸을 빼며 말했다.

"글쎄요…. 살이 찌고 여러 질병에 걸리지 않을까요?"

"이것 보세요! 이렇게 많은 사람들이 결과를 다 알고 있습니다. 그러면서도 계속 먹죠. 라면이나 치킨처럼 기름에 튀기는 음식은 그 과정에서 발암 물질이 생깁니다. 설탕이 듬뿍 들어간

탄산음료도 당연히 해롭죠. 아이스크림이나 우유에 든 지방도 아이들 몸에 좋지 않아요. 그런데도 아이들은 이런 음식이 없으면 큰일 날 것처럼 아우성입니다. 부모님들이 말릴 수도 없고, 부모님들조차 아이들이 그렇게 좋아하는 걸 어떻게 못 먹게 하냐고 그냥 내버려 두기도 합니다. 그러면 어떻게 된다?"

단무지 쌤이 다시 한번 진행자에게 질문을 던졌다. 진행자는 이제 능숙하게 대답했다.

"비만이 되거나 각종 질병에 걸릴 확률이 높아지겠죠."

단무지 쌤은 진행자에게 엄지손가락을 치켜세우며 박수를 쳐 주었다. 엄마는 방송을 보다가 쌍둥이가 듣고 있나 주방 쪽으로 슬쩍 눈을 돌렸다. 물론 그럴 리가 없었다. 쌍둥이는 어느새 콜라까지 따라 마시고 있었다. 프로그램 진행자가 정말 걱정스러운지 근심 어린 목소리로 물었다.

"많은 부모님들이 공감하실 것 같아요. 그럼 아이들에게 어떤 음식을 먹여야 할까요?"

단무지 쌤은 단호한 표정으로 목소리에 힘을 주어 말했다.

"아이들에게 살아 있는, 자연의 음식을 먹여야 합니다. 채식주의자로 키우라는 말이 아니에요. 채소와 과일의 양을 많이 늘리라는 뜻입니다. 설탕 든 음료수 대신 채소와 과일을 주스로 만들어 먹여야 합니다. 아이들이 아무리 싫다고 발버둥을 쳐도 눈 딱 감고 이렇게 딱 두 달만 먹여 보세요. 살이 저절로 빠지고 병도 낫습니다. 여기 있는 제가 산증인이에요."

자신감 넘치는 단무지 쌤의 표정을 보니 엄마도 의지가 불타올랐다.

'그래, 두 달만, 딱 두 달만 애들한테 채소 과일을 먹여 보자.'

엄마는 소매를 걷으며 주방으로 들어갔다. 당장 저녁부터 당근과 양배추를 섞은 샐러드를 쌍둥이에게 줄 생각이었다. 주방으로 들어서니 라면 냄새가 진동을 했다. 라면을 다 먹은 쌍둥이는 콜라를 마시며 입맛을 다시고 있었다.

"역시 먹짱이 맛잘알이야!"

"그러니까 인기가 많은 거지. 진짜 너무 맛있어!"

쌍둥이는 다 먹은 라면이 못내 아쉬운 듯 냄비를 쳐다보았다. 엄마는 식탁 한가운데 놓인 냄비 안을 들여다보았다. 역시 국물은 없었다! 심지어 밥도 말아 먹은 듯했다. 밥풀 한두 개가 냄비 구석에 붙어 있었다. 아, 이 아이들을 대체 어쩐란 말인가!

# 방귀 대장 건이, 입 냄새 대장 강이

"뿡!"

"앗, 냄새!"

쌍둥이는 식탁에 앉아 숙제를 하고 있었고, 엄마는 그 옆에 앉아 책을 읽고 있었다. 건이의 방귀 소리가 조용한 분위기를 깨고 우렁차게 들리자 강이가 코를 틀어막으며 소리를 질렀다.

"아직 거기까지 가지도 않았거든?"

"진짜 냄새 지독해, 방귀 마왕!"

"네 입 냄새가 더하거든? 입 냄새 마녀야, 좀 떨어져 줄래?"

둘은 매일 냄새를 두고 티격태격한다. 건이는 집에서 방귀 대장으로 통하고 강이는 입 냄새 대장이라 불린다. 물론 방귀를 안 뀌는 사람은 없지만 건이의 방귀 냄새는 유독 지독했다. 주위에 있는 사람들이 코를 막고 인상을 찡그릴 정도다. 하지만 냄새 하면 강이도 빠지지 않았다. 강이는 입 냄새가 심해서 엄마까지도 코를 틀어막은 적이 한두 번이 아니다.

"강이야, 이 닦을 때 구석구석 깨끗이 닦아. 대충 닦으니까 입 냄새가 심하잖아."

"엄마, 내가 이를 얼마나 열심히 닦는데 그러세요. 5분씩 닦는다고요. 대충 닦는 건 건이에요."

"하긴, 강이는 이를 참 잘 닦지. 근데 왜 그렇게 입 냄새가 좋아지지 않는 걸까?"

엄마가 걱정스러운 듯 강이를 보며 말했다.

"몰라, 나도 창피하단 말이에요."

강이가 울상을 지으며 말했다. 그때 옆에서 건이가 또 한번 방귀를 '빠앙' 뀌었다. 이번에는 엄마와 강이가 동시에 소리를 질렀다.

"악, 지독해!"

엄마와 강이가 소리를 지르거나 말거나 건이는 여유로운 표정으로 느긋하게 말했다.

"흥, 세상에 방귀 안 뀌는 사람은 없어. 엄마랑 강이도 매일 뀌잖아. 뀌다 보면 냄새가 날 수도 있지. 누가 보면 한 번도 방귀 뀌어 본 적 없는 사람들인 줄 알겠네."

건이의 말에 강이는 어이가 없었다.

"넌 뭘 믿고 그렇게 당당하니?"

"당당하지 않을 이유가 있어? 생리현상이잖아. 막을 수 없다고! 방귀 참으면 병이 된다는 거 몰라?"

하긴, 건이 말이 맞긴 맞다. 방귀는 생리현상이고, 대부분의 방귀에서 냄새가 나니 그걸로 구박을 할 수는 없는 일이다. 하지만 건이의 방귀 냄새는 지독해도 너무 지독하니 문제였다.

"아무래도 너희들 먹는 음식이 문제인 것 같아."

엄마가 책을 덮으며 쌍둥이를 향해 말했다.

"예? 방귀 냄새랑 입 냄새가 음식이랑 무슨 상관이에요?"

"엄마가 어떤 기사에서 본 적이 있는데, 서로 어울리지 않는 음식을 함께 먹으면 소화 과정에서 냄새가 지독해진다고 그러더라. 그러니까 고기, 빵, 라면, 햄버거, 콜라, 치킨, 과자 같은 이런 음식을 한꺼번에 먹으면 몸 안에서 발효나 부패가 일어나면서 썩은 냄새가 나는 거야."

그러고 보니 엄마가 말한 음식은 쌍둥이가 매일매일 먹는 음식이었다. 두 사람은 하루에 두서너 가지 음식만 먹은 적이 없었다. 적어도 대여섯 가지 음식을 하루 종일 먹었다. 그래서 쌍둥이가 제일 좋아하는 식당은 뷔페 식당이다. 얼마 전 아빠 생신에도 쌍둥이가 하도 졸라서 뷔페 식당을 다녀왔다. 식당에는 각종 음식이 수북이 쌓여 있었다. 대충 봐도 서른 가지는 넘는 것 같았다. 산처럼 쌓여 있는 음식을 보자 쌍둥이는 신이 났다.

"와, 뭐부터 먹지? 너무 맛있겠다."

"히히, 여기가 천국이네!"

건이와 강이는 샐러드와 나물은 거들떠보지도 않고 고기와 튀김, 밀가루 음식 코너로 직행했다. 건이는 탕수육과 치킨, 강이는 피자와 비빔국수를 한 접시 가득 담았다. 그런 다음 훈제 삼겹살, 새우만두, 잡채, 떡볶이, 쌀국수, 식혜, 케이크를 담아 왔다.

"얘들아, 하나씩 다 먹고 가져와. 놓을 자리도 없다."

아빠가 말려 봤지만 소용없었다. 이렇게 여러 가지 음식을 식탁에 늘어놓고 먹을 기회가 거의 없기 때문에 쌍둥이는 기회가 있을 때 최대한 많이 먹고 싶었다. 그날 쌍둥이가 싹싹 비운 접시는 열 개가 훌쩍 넘었다. 말 한마디 하지 않고 그 많은 음식을 다 먹고 나서야 쌍둥이는 배를 두드리며 만족스러운 표정을 지었다. 하지만 너무 많은 음식을 먹어서였을까? 다음 날 학교에서 사건이 터지고 말았다.

같은 반인 쌍둥이는 하루 종일 정신을 차릴 수 없을 정도로 속이 더부룩하고 답답했다. 살짝 어지러운 것 같기도 했다. 온몸에 힘이 빠지고 수업에 집중할 수도 없었다. 쌍둥이는 어제 먹은 음식을 떠올리며 후회를 했다.

'조금만 먹을걸. 한꺼번에 너무 많이 먹었나 봐.'

하지만 이미 늦은 후회였다. 건이는 방귀를 참느라, 강이는 자꾸만 터져 나오는 트림 때문에 곤욕이었다. 오후 수업 시간에는 졸음이 쏟아져 참을 수가 없었다.

"건이야, 너 어디 아파?"

쉬는 시간에 건이가 남몰래 좋아하는 수아가 걱정스러운 듯 물었다.

"아니, 아프긴! 내가 얼마나 튼튼한데…."

"너 쉬는 시간마다 책상 위에 엎드려 있었잖아. 수업 시간에

도 꾸벅꾸벅 졸던데. 지금 얼굴도 되게 안 좋아."

"아니야, 괜찮아. 걱정해 줘서 고마워."

그런데 바로 그 순간이었다!

"뿌웅!"

있는 힘을 다해 참고 참았던 방귀가 하필 수아 앞에서 터져 나오고 만 것이다! 건이는 얼굴이 빨개지다 못해 터지기 일보직전이었다. 정말 쥐구멍에라도 숨고 싶었다. 하지만 이 대사건을 본 민환이가 가만있을 리 없었다.

"으악, 이게 무슨 냄새야? 야, 박건! 너 또 방귀 뀌었냐?"

민환이가 코를 막으며 천둥처럼 소리를 버럭 질렀다.

"와, 어떻게 이런 냄새가 나지? 너 대체 뭘 먹은 거야?"

다른 아이들도 코를 막으며 난리를 쳤다.

"와, 이건 독가스다, 독가스!"

"사람도 죽을 수 있을 정도라고!"

건이는 이대로 투명 인간마냥 사라지고 싶었다. 하지만 이미 벌어진 일! 수습할 수조차 없었다. 그리고 곧 선생님이 교실로 들어오셨다.

"어머나, 이게 무슨 냄새니? 아우, 지독해!"

선생님은 교실에 들어오자마자 창문부터 열어젖혔다. 아이들은 여전히 코를 막은 채로 건이가 방귀를 뀌었다고 선생님께 일러바쳤다. 선생님은 고개도 들지 못하는 건이를 보고는 코를 감쌌던 손을 풀고 흠흠 헛기침을 했다.

"자, 조용. 수업 시작하자."

건이는 수업 내내 뭘 배웠는지 기억도 나지 않았다. 어서 집에 가고 싶은 마음뿐이었다.

수업이 끝나자마자 건이는 강이도 기다리지 않고 집으로 달려갔다. 빨리 학교를 벗어나고만 싶었다. 집에 도착하자마자 자기 방으로 들어가 버리는 건이를 보며 엄마가 목소리를 높여 물었다.

"건이, 왜 그래? 학교에서 무슨 일 있었어?"

건이는 아무런 대꾸도 하지 않았다. 물론 강이 때문에 비밀이 지켜질 리는 없었지만 말이다. 곧이어 집에 도착한 강이가 엄마의 질문에 학교에서 벌어진 방귀 사건을 자세히 설명했다. 건이는 그 누구도 아닌 수아 앞에서 방귀를 뀌었다는 사실이 너무 속상했다. 엄마는 속상할 건이를 달래 주려 건이 방으로 들어갔다.

"건이야, 사람은 누구나 실수를 해. 괜찮아. 네 말대로 생리현상인데 뭘 그렇게 속상해 해. 담부터 조심하면 되지."

건이가 깊은 한숨을 내쉬었다.

"괜찮아. 자, 기운 내고 간식 먹자."

"간식이 뭔데요."

건이가 풀 죽은 목소리로 물었다.

"사과랑 포도."

"그거 말고 피자 시켜 주시면 안 돼요?"

건이가 입을 삐죽 내민 채 말했다.

"피자 하나만 먹으면 방귀 냄새 안 난다면서요."

엄마가 건이의 머리를 콩 쥐어박으며 말했다.

"이 녀석아, 피자나 햄버거는 이미 탄수화물, 단백질, 지방의 종합 세트잖아. 그것만 먹어도 이미 섞어 먹는 거야."

엄마의 말이 끝나자마자 주방에서 강이의 목소리가 들려왔다.

"우웩, 냄새!"

엄마와 건이는 방문을 빼꼼 열고 주방을 들여다보았다. 강이가 코를 막고 비닐봉투를 가리키며 요란을 떨었다.

"엄마, 저 봉투 안에 뭐가 들었길래 이렇게 냄새가 지독해요?"

엄마가 방에서 나와 음식물 쓰레기봉투를 집어 들며 말했다.

"채소랑 과일 껍질, 상한 반찬, 양념, 먹다 남은 고기가 잔뜩 들어 있지. 이 음식물이 다 섞여서 부패하니까 이런 냄새가 나는 거야. 너희들 장도 지금 이런 상태라고!"

건이와 강이는 엄마의 말에 충격을 받았다. 저 냄새 나는 음식 쓰레기통이 내 몸 안에 있다고? 건이와 강이는 자신의 배를 내려다보았다. 볼록 솟아오른 배 속에서 대체 무슨 일이 일어나고 있는 건지 상상해 보니 왠지 눈살이 찌푸려졌다.

# 쌍둥이 인생의 적, 비염과 아토피

"에취!"

학교 갈 시간인데 건이는 연신 재채기를 하면서 코를 풀었다. 이러다간 지각을 할 수도 있었다. 어릴 때부터 비염을 달고 산 건이는 코가 답답하고 간질거리기 시작하면 아무 일도 하지 못한다. 쉴 새 없이 재채기를 하고 재채기가 끝나면 맑은 콧물이 줄줄 흐르니 정신을 차릴 수 없을 정도다. 수시로 코가 막혀서 숨을 쉬기도 힘들었다.

"아, 코로 숨 쉬고 싶다~."

건이는 이런 말을 자주했다. 입을 다물고 코로만 숨을 쉴 수 있다면 잠도 더 잘 잘 수 있을 것 같았다. 휴지로 코 밑을 연신 닦아 내는 건이를 보고 엄마가 안쓰러운 듯 말했다.

"건이야, 우선 학교부터 가고 학교 끝나자마자 병원에 가자."

건이는 엄마한테 인사도 제대로 못하고 집을 나섰다.

'지긋지긋한 비염. 고칠 수 있는 방법이 없을까?'

건이는 우울한 기분이 들었다. 왜 자기만 이런 병에 걸려서 고통스러워 해야 하는지 억울하기까지 했다.

학교에서도 비염 증상은 여전했다. 건이의 책상 위에는 언제나 티슈가 통째로 놓여 있었다. 시도 때도 없이 콧물이 흘러서 코를 풀어야 하기 때문이다. 사실은 더 자주 코를 풀고 싶은데 다른 아이들한테 민폐가 될까 봐 최대한 참고 있는 것이다. 쉬지 않고 흘러나오는 콧물 때문에 수업에 집중하기가 힘들었다. 그건 친구들도 마찬가지였다. 건이가 계속 '훌쩍' '킁킁' '흥' 하는 소리를 내니 신경이 안 쓰일 수가 없었다.

"쟤는 하루 종일 코만 푸나 봐…."

건이 앞자리에 앉은 예은이가 작은 목소리로 투덜거렸다. 건이 옆자리에 앉은 찬석이도 한숨을 푹 내쉬며 불만스럽게 혼잣말을 내뱉었다.

"휴, 언제까지 저 소리를 들어야 돼."

건이는 아이들이 자신의 코 푸는 소리에 불만을 갖고 있다는 걸 잘 알고 있었다. 아이들의 눈초리를 보면 모를 수가 없다. 아이들에게 미안해진 건이는 수업 중에 손을 들고 벌떡 일어났다.

"선생님, 화장실 다녀오겠습니다."

건이는 티슈 통을 들고 화장실로 뛰어갔다. 화장실 거울 앞에 서니 한숨이 나왔다. 코가 벌에 쏘인 것처럼 새빨갛게 부풀어 오른 채였다.

'아, 정말 너무 괴로워. 난 왜 이런 병에 걸린 거지? 비염만 없다면 얼마나 좋을까?'

건이는 거울 속에서 어두운 표정으로 미간을 잔뜩 찌푸리고 있는 자신의 모습을 보았다. 그 와중에도 맑은 콧물이 주르륵 흘러내렸다.

'앗, 간지러워!'

강이가 자기 팔뚝을 손바닥으로 찰싹찰싹 때렸다. 강이는 어릴 때부터 아토피를 앓았다. 팔과 다리에 두드러기가 생기고, 특히 손등과 종아리에 염증이 생겨서 진물이 흐르기도 했다. 너무 간지러워서 밤새 잠을 자지 못한 적도 있었다. 참다못해 병원에 가면 의사 선생님은 이렇게 말씀하셨다.

"강이야, 선생님이 최선을 다해 치료는 하겠지만 아토피는 쉽게 낫는 병이 아니야. 그러니까 인내심을 갖고 꾸준히 치료해야 한다. 알았지?"

쉽게 낫는 병이 아니라니! 강이는 눈앞이 깜깜했다. 그럼 평생 동안 이 간지러움을 가지고 살아가야 한다는 건가? 현대 의학이 이렇게 발달했는데, 아토피를 쉽게 고치지 못한다니 믿을 수가 없었다. 그런데 그 말은 사실이었다. 온갖 치료를 다 해 봤지만 강이의 아토피는 좋아지기는커녕 점점 더 나빠지고 있으니 말이다.

엄마는 강이의 아토피를 치료하려고 안 해 본 일이 없었다. 증류수로 목욕을 시키고 녹차로 세수를 시켰다. 목초액을 몸에 바르기도 하고 달맞이꽃 기름을 먹이기도 했다. 값비싼 치료, 주사와 약, 비타민 요법도 써 봤지만 아무 소용이 없었다. 엄마는 아토피와 관련된 책도 수십 권을 읽었다. 그런데 그런 책에서 공통적으로 지적하고 있는 문제가 바로 나쁜 식습관이었다. 아토피를 고치고 싶으면 인스턴트 음식, 가공식품, 단 음식, 밀가루를 끊으라는 것이다. 음식을 건강하게 먹어야 면역력이 좋아지고 몸에 염증을 일으키는 여러 원인을 제거할 수 있다고 했다. 비염도 마찬가지라고 했다.

엄마는 그런 책들을 읽을 때마다 아이들에게 그 대목을 보여 주거나 큰 소리로 읽어 주었다. 그러나 쌍둥이는 아예 들으려 하질 않았다.

"건이 강이, 엄마 하는 말 들었어? 고기, 패스트푸드, 밀가루 음식 그런 게 다 너희들 병이랑 연관되어 있다고! 그러니까 딱 한 달만 그런 음식을 끊어 보자. 응?"

엄마는 거의 애원하다시피 쌍둥이에게 말했지만, 쌍둥이는 입을 삐죽거릴 뿐이었다. 하지만 포기할 수 없었던 엄마는 채소와 과일 위주로 상을 차린 적도 있었다.

"자, 사람은 제철 과일과 채소를 먹어야 건강해지는 법이야. 이 향을 맡아 봐, 얘들아. 싱그럽지 않아? 이 과일향은 어떻고. 너무 달콤하잖이!"

엄마는 일부러 더 호들갑을 떨며 쌍둥이에게 채소와 과일을 권했다. 쌍둥이는 엄마가 하도 애원을 하니 며칠간은 꾹 참고 엄마의 뜻에 따랐다. 하지만 쌍둥이는 점점 짜증이 심해졌고, 표정도 우울해졌다.

"엄마, 우리 이거 그만하면 안 돼요? 치킨 먹고 싶단 말이에요. 채소는 맛도 없어요!"

"맞아요, 엄마. 우리 피자 한 판만 시켜 주세요. 이런 것만 먹다간 쓰러질 것 같아요."

어떤 날은 훌쩍훌쩍 울기까지 했다. 엄마는 그런 아이들의 모습에 깜짝 놀랐다. 음식이 그렇게까지 쌍둥이에게 중요한 건지 몰랐기 때문이다.

'에휴, 비염이랑 아토피 치료하려다가 애들 우울증 걸리겠네.'

엄마는 결국 백기를 들고 말했다. 저렇게 싫어하고 괴로워하는데 억지로 음식을 강요하는 게 너무 힘들었다. 결국 아이들이 좋아하는 치킨을 사 주며 말했다.

"너희들이 먹는 것 때문에 그렇게 스트레스를 받는다니 엄마가 채소랑 과일 양을 좀 줄여 볼게. 하지만 너희들도 고기나 햄버거, 치킨, 라면, 과자 같은 거 줄이겠다고 약속해. 아예 못 먹게 하지는 않을 테니 조금씩 줄여 보자. 해 볼 거지?"

"네!"

건이와 강이는 맞추기라도 한 것처럼 동시에 우렁차게 대답했다. 처음에는 그 약속이 지켜지나 했지만, 시간이 지나면서 쌍둥이는 다시 예전 식습관으로 돌아갔다. 아니, 오히려 예전보다 그런 음식들을 더 많이 먹었다.

"강이야, 엄마가 아토피 심한 날은 아이스크림 먹지 말랬지!"

엄마가 아이스크림을 커다랗게 한입 베어 문 강이를 향해 버럭 소리를 질렀다. 강이가 깜짝 놀라 어깨를 움찔했다.

"그치만 너무 먹고 싶어요. 아토피 때문에 받은 스트레스는 이렇게 해서라도 풀어야 한다고요."

강이가 기어들어가는 목소리로 울먹거리며 말했다. 엄마는 한숨을 푹욱 내쉬었다. 하긴, 어른들도 음식을 절제하는 게 쉬운 일이 아닌데, 아이들은 오죽 할까 싶었다.

"강이야, 아토피에는 우유가 도움이 안 돼. 우유나 분유로 만든 아이스크림도 마찬가지야. 너 그런 거 먹을 때마다 아토피 심하게 올라오는 거 알잖아."

"그게 우유나 아이스크림 때문인지 어떻게 알아요? 제 스트레스 때문일 수도 있잖아요. 그리고 우유는 좋은 음식 아니에요? 단백질이잖아요. 칼슘도 많고요."

강이가 아이스크림을 또 한 번 베어 물며 말했다.

"칼슘을 먹어야 뼈도 튼튼해지고, 키도 크죠."

"강이야, 칼슘은 우유에만 있는 게 아니야. 채소와 과일로도 충분히 섭취할 수 있어. 그리고 아몬드, 호두 같은 견과류를 먹으면 칼슘은 저절로 흡수할 수 있어. 아무리 좋은 음식이라 해도 너한테 맞지 않으면 나쁜 음식이야."

강이는 믿기 어려운 눈치였다. 우유를 먹지 말라니! 예전에는 성장기 어린이들에게 우유는 필수 음식이라며 권유하기도 했는데! 강이는 엄마에게 반발하고 싶었지만 꾹 참았다. 엄마가 음식 때문에 화가 나 있을 때는 피하는 게 상책이었다.

### 잠깐! 건강 상식

#### 우유는 정말 완전식품일까?

우유는 오랫동안 완전식품으로 불려 왔어요. 누구나 쉽게 단백질을 보충할 수 있고, 칼슘도 풍부해서 뼈 건강이 중요한 어린이와 노인들에게 좋은 제품으로 알려져 있죠. 하지만 최근에는 득보다 실이 많은 음식이라는 주장이 강력하게 제기되고 있어요. 도대체 우유에 어떤 부작용이 있는 걸까요?

우유에는 '카세인'이라는 단백질이 들어 있어요. 모유에도 뼈를 성장시키는 카세인이 들어 있지만, 우유에는 모유보다 300배나 많은 카세인이 들어 있죠. 많이 들어 있으면 좋을 것 같지만 사실은 그렇지 않아요.

우유는 원래 송아지가 먹는 엄마 소의 젖이에요. 소는 위가 4개라서 우유를 소화할 때 아무런 문제가 없어요. 하지만 위가 하나인 사람 몸에 카세인이 너무 많이 들어오면 남아도는 카세인을 처리하기가 힘들어지는 거죠. 카세인을 소화시키기 위해 몸 안에 있는 칼슘을 가져다가 사용해서 도리어 칼슘 흡수를 방해하기도 한답니다.

그렇게 소화되지 않은 카세인은 장에 남아서 장의 기능을 떨어뜨립니다. 뿐만 아니라 독소가 되어 몸에 저장되어 각종 염증을 일으키거나 암 세포의 영양분이 되기도 하죠. 특히 세균이 자라는 걸 막기 위해 투여하는 항생제를 많이 맞은 소의 젖은 문제가 더 심각해요. 그 항생제를 인간이 먹는 셈이니까요. 특히 건강한 소에서 갓 짜낸 우유가 아니라 유통을 위해 살균 멸균 과정을 거친 우유는 단백질 변성이 일어나죠. 이렇게 송아지 맞춤형으로 생성되는 우유를 굳이 인간이 매일 먹을 필요가 있을까요?

# 통통한 게 죄인가요?

1년에 한 번, 건이와 강이는 학교 가는 게 싫다. 할 수만 있다면 무슨 수를 써서라도 결석하고 싶은 날이다. 그리고 올해에도 그날은 돌아오고야 말았다. 그날은 바로, 신체검사 날! 친구들이 모두 있는 곳에서 몸무게를 재야 한다는 게 쌍둥이의 최대 고민이다. 물론 다른 친구들에게도 키와 몸무게는 예민한 사안이다.

"난 양말까지 다 벗었어."

"작년보다 키 커야 하는데, 다리를 더 쭉쭉 늘릴 방법은 없을까?"

아이들 모두 키는 조금이라도 더 크게, 몸무게는 조금이라도 더 적게 나왔으면 하는 바람으로 삼삼오오 모여 여러 가지 궁리를 하고 있었다. 하지만 쌍둥이는 그 대화에 끼어들 수가 없었다. 몸무게가 공개되면 아이들이 수군거릴 게 뻔하기 때문이다.

'이번에도 애들이 놀리겠지. 아, 집에 가고 싶다….'

강이는 울상을 지으며 구석에 혼자 서 있었다. 건이도 걱정을 한아름 안고 있었다.

'어제 저녁이라도 굶을걸. 작년보다 더 늘었으면 어쩌지?'

물론 건이와 강이 말고도 체중이 많이 나가는 친구들은 꽤 있었다. 하지만 건이와 강이는 그중에 체중이 가장 많이 나가는데다 쌍둥이라서 두 배로 놀림을 받았다.

"다음! 건이와 강이 체중계에 올라오세요."

드디어 올 것이 오고야 말았다! 선생님 말씀이 떨어지자마자 쌍둥이는 가슴이 두근거렸다.

'하필이면 같은 반이람!'

강이는 이 순간, 건이와 같은 반인 것도 불만이었다. 쌍둥이는 서로 눈짓을 주고받으며 먼저 올라가라고 기 싸움을 벌였다. 시끌벅적 떠들던 아이들이 숨을 죽이고 두 사람을 주목했다.

"건이 강이! 다른 친구들도 측정해야 하니까 아무나 빨리 올라오세요!"

시간이 없다는 선생님 말씀에 어쩔 수 없이 건이가 먼저 체중계에 올라갔다. 고개를 푹 숙인 채 디지털 체중계에 숫자가 나

오기를 기다렸다. 그리고 마침내 나타난 숫자 뒤에서 건이의 체중을 본 민환이가 키득거리며 웃었다.

"너희는 둘 중에 누구 몸무게가 더 많이 나올 것 같냐? 우리, 내기할래?"

깐족대며 놀리는 민환이의 목소리에 건이의 얼굴이 벌겋게 달아올랐다. 마음 같아서는 한 대 쥐어박고 싶었다. 민환이는 친구들 놀리는 데는 항상 빠지지 않는다. 민환이의 말에 주위에 있던 아이들이 덩달아 킥킥거리며 웃었다.

다음은 강이 차례였다. 강이는 체중계에 올라가기도 전에 얼굴이 새빨갛게 물들었다. 체중이 조금이라도 덜 나왔으면 하는 마음에 강이는 숨을 크게 들이마신 뒤 숨을 참았다. 눈을 꼭 감고 부들부들 떨고 있는 강이를 보며 선생님께서 말씀하셨다.

"강이야, 숨 편안하게 쉬어. 그래도 몸무게는 똑같이 나와."

"하하하!"

선생님 말씀에 아이들이 커다랗게 웃음을 터뜨렸다. 그중에서도 민환이 목소리가 제일 컸다. 강이는 체중계에서 재빨리 내려와 도망치듯 자리로 들어갔다. 올해에도 건이가 남자들 중에서 최고 몸무게, 강이가 여자들 중에서 최고 몸무게였다. 아이들 모두가 몸무게를 재고 자리에 앉자, 민환이가 기다렸다는 듯 손을 번쩍 들었다.

"선생님, 질문 있어요!"

"무슨 질문?"

"선생님, 비만은 건강의 적이죠?"

민환이의 속셈은 뻔했다. 건이와 강이를 공개적으로 놀리겠다는 심보였다. 쌍둥이의 속이 부글부글 끓어올랐다.

"음, 비만이 질병인 건 맞지."

선생님이 고개를 끄덕이며 말씀하셨다.

"근데 비만인 사람들 이름이 '건강'이어도 되나요?"

민환이의 말에 반 아이들이 책상을 치며 정신없이 웃어댔다. 귀까지 달아오른 쌍둥이는 고개를 푹 숙였다.

"장민환! 친구들을 그렇게 놀리는 건 아주 안 좋은 태도야. 앞으로 주의해."

선생님이 엄한 목소리로 민환이에게 경고를 했지만, 한번 터진 아이들의 웃음은 그칠 줄 몰랐다.

"비만이 건강의 적인데 이름이 건강이래. 크크크크."

아이들의 키득대는 소리를 들은 쌍둥이의 눈에 눈물이 핑 돌았다. 강이가 민환이를 째려보자 민환이는 혀를 쏙 내밀고 강이를 더 얄밉게 놀렸다. 이름 때문에 놀림을 받으니 이름을 '건강'이라고 지어 준 부모님까지 원망스러웠다.

'그냥 평범한 이름으로 짓지, 왜 하필 건강이라고 지은 거야?'

건이는 속으로 투덜거렸다. 물론 부모님 마음을 모르는 건 아니었다. 건강이 가장 중요하니 아프지 말고 건강하게 살라고 지어 준 이름이란 걸 잘 알고 있었다. 하지만 번번이 몸무게와 연관되어 놀림을 받으니 속이 상했다. 아이들의 웃음소리가 그치질 않자, 선생님이 탁자를 탁탁 내리치며 분위기를 정리했다.

"자자, 다들 조용! 체중으로 친구를 놀리는 일은 하면 안 돼요. 다음에 또 이런 일이 일어나면 그땐 반 전체가 반성문을 쓸 거예요. 알겠죠? 물론 우리가 정상 체중을 유지하는 건 중요해요. 하지만 여러분은 아직 성장기라서 무리하게 다이어트를 하면 큰일 나요. 먹는 걸 조금만 줄이고 운동을 열심히 하면 누구나 건강해질 수 있어요. 다들 알겠죠?"

아이들이 교실이 떠나가라 우렁차게 대답했다.

"신체검사하는 날 너무 스트레스 받아."

집으로 돌아가는 길에 강이가 건이에게 하소연했다.

"나도. 몸무게는 엄연히 사생활인데 반 아이들한테 다 공개하는 건 너무한 거 아냐?"

건이도 맞장구를 쳤다. 두 사람은 동시에 깊은 한숨을 내쉬었다. 그런 건이의 코에 달콤한 닭강정과 매콤한 떡꼬치 냄새가 파고들었다.

"열받는데 떡꼬치나 먹어야겠다."

건이가 주머니에서 지폐 한 장을 꺼내며 말했다.

"박건, 그만 먹어! 넌 오늘 그렇게 창피를 당했으면서도 저게 먹고 싶냐?"

"스트레스 받을 땐 매운 게 먹고 싶단 말야."

건이는 강이의 만류에도 가게 앞으로 달려갔다. 가게에 가까이 다가가니 강이도 닭강정을 한 컵 먹고 싶었지만 오늘만큼은 꾹 참기로 했다. 건이는 언제 몸무게 때문에 걱정을 했나 싶게 떡꼬치 세 개를 단숨에 먹어 치웠다.

"니가 웬일이냐? 떡꼬치를 안 먹고?"

"나 오늘부터 살 뺄 거야. 그래서 리니처럼 예뻐질 거야."

리니는 요즘 가장 인기 있는 여자 아이돌 그룹의 멤버다. 떡꼬치를 우물거리던 건이가 품 웃음을 터뜨렸다.

"뭐? 리니? 하하하하. 꿈이 너무 큰 거 아냐? 살을 뺀다고 리니가 될 수는 없을 텐데?"

건이가 키득거리자 강이가 빼액 소리를 질렀다.

"너도 민환이랑 똑같애!"

다이어트를 하겠다는데 응원은 못 해줄망정 놀리는 데 진심인 건이가 너무 얄미웠다. 강이는 건이와 떨어져 빠르게 걸어 집에 도착했다. 방문을 벌컥 열고 책가방을 아무 데나 집어던진 강이는 침대에 몸을 던졌다.

'신체검사할 때마다 기분이 엉망진창이야. 나도 변할 거야. 보란 듯이 살을 뺄 거라고!'

강이는 분한 마음을 다잡으며 다시 거실로 나갔다. 식탁에 앉아 있던 엄마가 평소와 다른 강이를 의아한 표정으로 바라보았다. 그도 그럴 것이 학교에서 돌아오면 무조건 냉장고부

리니처럼 예뻐질 거야!

터 열던 강이었다.

"강이, 학교에서 무슨 일 있었어?"

엄마의 물음에 강이가 대뜸 말했다.

"엄마, 나도 다이어트 좀 시켜 주세요."

"뭐? 다이어트? 듣던 중 반가운 소리긴 한데, 갑자기?"

그때 현관문을 열고 건이가 집 안으로 들어섰다. 건이의 입술에 떡꼬치 양념이 묻어 있었다.

"쟤 오늘 신체검사 때문에 충격받아서 그래요."

건이가 냉장고 문을 열고 콜라를 한 컵 따라 마시며 심드렁하게 말했다.

"엄마, 오늘부터 당장 다이어트할래요!"

강이가 엄마를 졸라대기 시작했다. 작년 이맘때도 쌍둥이는 똑같은 말을 했었다. 그날도 신체검사를 받고 온 날이었다. 하지만 결심은 이틀을 넘기지 못했다.

"엄마야 다이어트라면 언제나 대환영이지! 그럼 이제부터 엄마가 주는 식단대로 먹으면서 매일 저녁 운동할 거야?"

강이가 다부지게 고개를 끄덕였다.

"건이는?"

엄마가 콜라를 벌컥벌컥 마시는 건이를 돌아보면서 물었다.

"박강이 한다면 나 박건도 해야죠! 우린 한 세트니까!"

건이의 씩씩한 대답에 엄마가 활짝 웃으며 손등을 쌍둥이 앞에 내밀었다.

"좋았어! 그럼 오늘부터 다이어트 1일이다! 이번에는 꼭 성공하는 거야!"

쌍둥이도 엄마 손 위에 자신들의 손을 겹치며 큰 소리로 대답했다.

"네!"

"걱정 마세요!"

엄마는 쌍둥이의 반짝이는 눈빛을 보며 어쩐지 이번에는 조금 다를지도 모르겠다는 생각을 했다. 세 사람은 겹쳐진 손을 위로 올리며 "파이팅!"을 외쳤다. 다행히 우렁찬 파이팅 소리 덕에 강이의 배에서 나는 '꼬르륵' 소리는 들리지 않았다.

# 우리 몸이 알려주는 건강 위험 신호

## 도사님이 대체 누군데!

## 다이어트에서 해방시켜 줘

"어머니, 건이랑 강이 신체검사 결과가 고도비만이라서 전화 드렸어요."

쌍둥이의 담임 선생님 목소리에 걱정이 가득했다. 엄마는 마치 죄 지은 사람처럼 어쩔 줄을 몰라 했다.

"네, 선생님. 그렇잖아도 아이들이 다이어트를 시작해 보겠다고 하더라고요. 어제 학교에서 충격받았나 봐요. 근데 작년에도 실패한 경험이 있어서…. 오늘부터 시작해 보려고 하는데 먹는 걸 너무 좋아하고 나이가 어려서 의지가 약해요."

"어머니께서 노력하시는 건 알고 있는데, 조금만 더 건강관리에 신경 써 주시면 좋을 것 같아요. 어제도 아이들이 놀려서 건이 강이가 상처받았을 거예요. 마음도 잘 다독여 주세요. 저도 다른 아이들 잘 타이르겠습니다."

"네, 그럴게요. 신경 써 주셔서 고맙습니다, 선생님…."

담임 선생님과 통화를 마친 엄마는 '휴우' 한숨을 내쉬었다. 쌍둥이가 비만인 것도 속상한데 친구들에게 놀림까지 받았다는 말을 들으니 너무 속상했다. 쌍둥이는 식탁에 앉아서 학원 숙제를 하고 있었다. 오늘 저녁에는 밥을 평소보다 3분의 2로 줄이고, 반찬도 고기 조금과 나물 위주로 차렸는데, 그래서인지 아이들 표정에 힘이 하나도 없었다. 아이들은 숙제에 집중하지 못하고 계속 한숨을 내쉬면서 어깨를 축 늘어뜨렸다.

"엄마, 배고파요."

아이들 얼굴을 보니 마음이 약해졌지만 엄마는 단호하게 말했다.

"오늘부터 야식은 일주일에 딱 한 번만 먹을 거야."

쌍둥이는 뭐라고 말대꾸를 하려다가 입을 꾹 닫았다. 먼저 다이어트를 하겠다고 선언했으니 하루도 안 돼서 약속을 깨 버리기가 민망했던 것이다.

"너희들 힘든 거 엄마도 잘 알아. 하지만 너희들이 먼저 다이어트하겠다고 했지? 스스로에게 한 약속이 가장 귀한 약속이야. 오늘부터 저녁 8시 이후부터 아침 8시까지는 아무것도 먹지 않을 거야. 알았지?"

엄마는 책에서 본 시간 제한 다이어트 방법을 써 보기로 했다. 저녁 8시부터 다음 날 아침 8시까지 12시간 공복을 유지하기만 해도 비만을 예방할 수 있다는 다이어트였다. 잠자는 시간을 생각하면 그리 어려울 것 같지도 않다. 저녁 8시 이후에 공복을 유지해야 하는 이유는 저녁에는 몸 안에 쌓인 독소를 청소하는 데 에너지가 사용되기 때문이다. 하지만 야식은 우리 몸에 쌓인 독소를 청소하기도 전에 다른 독소가 몸에 더 쌓이게 만들기 때문에 비만을 유발하고 건강을 해친다. 그리고 공복을 통해 몸 안의 장기에도 휴식 시간을 주는 것이다.

쌍둥이는 엄마의 단호한 표정과 말투에서 예전과 다른 분위기를 느꼈다. 예전에는 공부 열심히 했으니까 보상으로 야식 먹게 해달라고 조르면 통했는데, 오늘 엄마 표정을 보니 더 말을 꺼냈다간 꿀밤이라도 맞을 것 같았다. 쌍둥이는 마치 짠 것처럼 동시에 깊은 한숨을 쉬었다.

"아무리 한숨 쉬고 인상 쓰고 있어도 절대 안 돼. 공부보다 건강이 먼저인 거 알지? 엄마는 너희들 건강을 최우선으로 놓고 최선을 다할 거야."

쌍둥이는 더 크게 한숨을 쉬었다. 그러고는 서로 눈짓을 하곤 강이 방으로 들어갔다. 방에 들어온 아이들은 침대에 털썩 앉으며 고개를 떨구었다.

"한동안 야식 얘긴 꺼내지도 못하겠다."

"그러게. 이번에는 엄마가 마음을 단단히 먹으셨나 봐."

강이 말을 듣고 있던 건이가 갑자기 강이를 째려보며 말했다.

"야, 니가 다이어트한다는 말만 안 했어도 이런 일 없었잖아. 갑자기 무슨 리니가 되겠다느니 살을 빼겠다느니 이상한 소리나 하고. 너 때문에 나까지 이게 뭐냐?"

"참나, 기막혀. 야, 박건. 우리는 한 세트라면서 같이 다이어트하겠다고 한 건 너 아니야? 내가 억지로 하자고 했어?"

건이는 강이의 반박에 입을 꾹 다물었다. 그랬다. 누가 억지로 시킨 것도 아니었다. 아, 정말 다이어트는 언제까지 해야 하는 걸까? 쌍둥이는 생각했다. 다이어트 생각 안 하고 마음껏 먹을 수 있는 음식은 없나?

# 하늘에서 떨어진 도사님?

 쌍둥이는 침대에 누워 카톡으로 배고프다는 투정을 잔뜩 늘어놓다가 스르르 잠이 들었다. 내일은 토요일 아침이라 늦게까지 잠을 잘 생각이었는데, 다음 날 해가 뜨자마자 엄마가 방문을 벌컥 열고 들어오는 바람에 쌍둥이는 안 떠지는 눈을 억지로 떴다.

 "얘들아, 오늘부터 동네 뒷산 등산할 거야. 주말 아침에만 할 거니까 할 수 있지? 자, 빨리 일어나자! 7시야!"

 엄마는 쌍둥이 방을 번갈아 돌아다니며 이불을 들추고 베개를 뺏으면서 쌍둥이를 깨웠다. 엄마의 기상쇼 때문에 잠을 더 잘 수도 없었다. 억지로 일어난 쌍둥이는 비몽사몽간에 옷을 입고 밖으로 내쫓기듯 나왔다. 엄마는 쌍둥이 옆에서 '헛둘헛둘'

기합을 넣고 팔을 올리며 가볍게 몸을 풀었다.

"우리 동네 뒷산은 왕복 1시간. 가뿐하지? 자, 출바알~!"

엄마가 쌍둥이 엉덩이를 착착 때리며 출발 신호를 주었다. 쌍둥이는 엄마의 재촉에 무겁게 발걸음을 옮겼다. 쌍둥이는 운동을 너무 싫어하는 데다 운동을 해 본 적도 없어서 조금만 몸을 움직여도 숨이 턱까지 차올랐다. 그뿐인가. 땀은 비처럼 쏟아져 내렸다. 게다가 한 발자국 움직일 때마다 무릎과 발바닥이 쿡쿡 쑤셨다.

"엄마, 이제 그만 내려가면 안 돼요? 배고파요."

"너무 숨차고 힘들어요. 그만하고 가요, 네?"

아직 정상까지 절반도 못 올라왔는데 쌍둥이가 오만상을 찌푸리며 엄마를 졸랐다.

"좋았어. 15분 걸었으니까 5분만 쉬자. 잠깐만 쉬고 다시 올라가는 거야. 오늘은 꼭 끝까지 가기로 약속!"

엄마의 말이 떨어지기 무섭게 쌍둥이는 눈앞에 보이는 벤치에 털썩 앉아서 가쁜 숨을 몰아쉬었다. 엄마도 아이들 앞에 서서 숨을 고르며 땀을 닦았다. 그때, 벤치 옆 운동기구를 종횡무진하며 운동을 하는 한 남자가 보였다. 가냘픈 몸매에 빨간색 트레이닝복을 위아래로 차려 입은 남자는 역기를 번쩍번쩍 들기도 하고 철봉에서 턱걸이를 하고 허리를 빙글빙글 돌리면서 운동 삼매경에 빠져 있었다.

 '어휴, 정신 없어. 저렇게 빨간색 운동복을 입고 돌아다니까 고추장 같네.'

 엄마는 남자의 행색과 행동거지가 하도 희한해서 곁눈으로 힐긋힐긋 남자를 계속 쳐다보았다. 그런데 자꾸 보니 낯이 익었다. 엄마는 눈동자를 또록또록 굴리며 한참 동안 기억을 되짚었다. 잠시 뒤, 번개처럼 머리를 내리치며 한 장면이 떠올랐다.

 "아, 맞다! 텔레비전, 텔레비전!"

 쌍둥이는 박수를 치며 기뻐하는 엄마를 멀뚱멀뚱 바라보고 있었다. 그랬다. 남자는 얼마 전에 텔레비전에 출연해 아동 비만에 대해 이야기하던 그 단무지 쌤이었다. 기억을 낚아챈 엄마는 마치 다람쥐처럼 날쌔게 몸을 날려, 오늘은 고추장 같은 남자 앞에 섰다. 남자는 거꾸리에 매달려 세상을 거꾸로 보고 있었다.

 "쌤, 안녕하세요. 며칠 전에 텔레비전에 나온 그 단무지, 아니 그 한약사 쌤 맞으시죠?"

 한약사 쌤이 마치 기다렸다는 듯 몸을 실룩실룩 움직여 똑바로 선 뒤, 기구에서 내려왔다. 거꾸로 매달려 있어서 그런지 얼굴색이 입고 있는 옷 색깔과 똑같았다. 남자는 엄마에게 고개를 숙여 정중히 인사를 건넸다.

 "건이 강이 어머님, 안녕하세요."

건이 강이 어머님? 엄마는 마치 도깨비라도 본 것처럼 눈이 대문짝만 하게 커졌다.

"아니, 쌤. 우리 건이 강이를 어떻게 아시죠?"

"하하하, 그래서 제가 도사예요. 사람들이 괜히 절 도사라 부르는 게 아니랍니다."

엄마는 상황 파악을 못해 입을 떡 벌리고 도사님만 바라보았다. 마치 꿈을 꾸고 있는 것 같았다.

"건이 강이, 이리 와 볼까?"

도사님이 쌍둥이에게 손짓을 했다. 쌍둥이는 썩 내키지 않았지만 어른이 부르니 어쩔 수 없이 무거운 몸을 일으켜 세워 도사님 앞에 섰다.

"남자인 네가 건이, 여자인 네가 강이지?"

도사님의 족집게 같은 말에 건이 강이는 홀린 듯 고개를 끄덕였다.

"저희를 아세요?"

건이가 겁에 질려 간신히 말을 꺼냈다.

"알다마다. 너희 마음속까지 속속들이 들여다보고 있는걸! 나는 지나가는 어린이들 표정과 몸 상태만 봐도 어떤 음식을 좋아하는지, 어떤 병이 있는지, 무슨 고민이 있는지 다 안단다. 그래서 도사님인가?"

도사님은 웃기지도 않은데 혼자 말하고 혼자 웃었다.

"아저씨가 누구신데 그런 걸 다 알아요?"

강이가 당돌하게 물었다. 그러자 엄마가 강이의 입을 틀어막으며 입단속을 시켰다.

"강이야, 아저씨라니. 도사님이셔, 도사님!"

"도사님?"

강이는 의심의 눈초리로 도사님을 바라보았다.

'그럼 도술을 부릴 줄 안다는 건가? 그냥 너무 평범하게 생겼는데….'

"도사도 평범하게 생겼단다. 도사라고 눈이 세 개고 다리가 네 개인 건 아니야, 하하하."

강이는 하마터면 소리를 지를 뻔했다. 자기가 속으로 한 말을 읽다니, 정말 도사가 틀림없었다.

"고추장, 아니, 도사님. 그럼 우리 건이 강이도 다이어트에 성공할 수 있을까요? 도사님이 도와주시는 건가요?"

엄마가 간절한 목소리와 눈빛으로 도사님을 바라보았다.

"물론입니다. 오늘부터 건이와 강이의 건강은 제가 책임집니다!"

도사님은 그렇게 말하고는 자신의 가슴을 탕탕 쳐 보였다. 근육도 없고 삐쩍 마르기만 했는데 우리 건강을 책임진다고? 쌍둥이는 여전히 의심의 눈초리로 도사님을 바라보았다.

"건이 강이뿐만 아니라 어머님도 저를 믿고 건강원정대에 참여해 주실 수 있나요?"

"건강원정대가 뭔지는 모르겠지만, 물론이죠, 도사님! 건이 강이가 건강해질 수만 있다면 전 뭐든지 할 수 있어요. 아이들 건강이 저의 가장 큰 소원이에요."

엄마의 말을 들은 도사님의 입이 실룩거렸다. 엄마의 말에 감동받은 눈치였다. 도사님은 눈물을 흘리지 않으려고 입술을 깨물며 하늘을 바라보았다. 눈을 반짝이며 도사님을 바라보는 엄마와 엄마의 말에 감동받아 울먹이는 도사님 사이에서 쌍둥이만 난감할 뿐이었다. 대체 이게 웬 날벼락이란 말인가. 대체 저 사람이 누군데 우리 건강을 책임진다는 거지? 건강원정대는 또 뭐야? 맙소사, 하늘은 우리에게 왜 이런 시련을 주는 거지?

쌍둥이는 엄마와 도사님이라는 남자의 얼굴을 번갈아 바라보며 대혼란에 빠졌다.

# 도사님이 도사님이 아니었을 때…

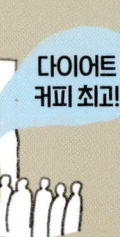

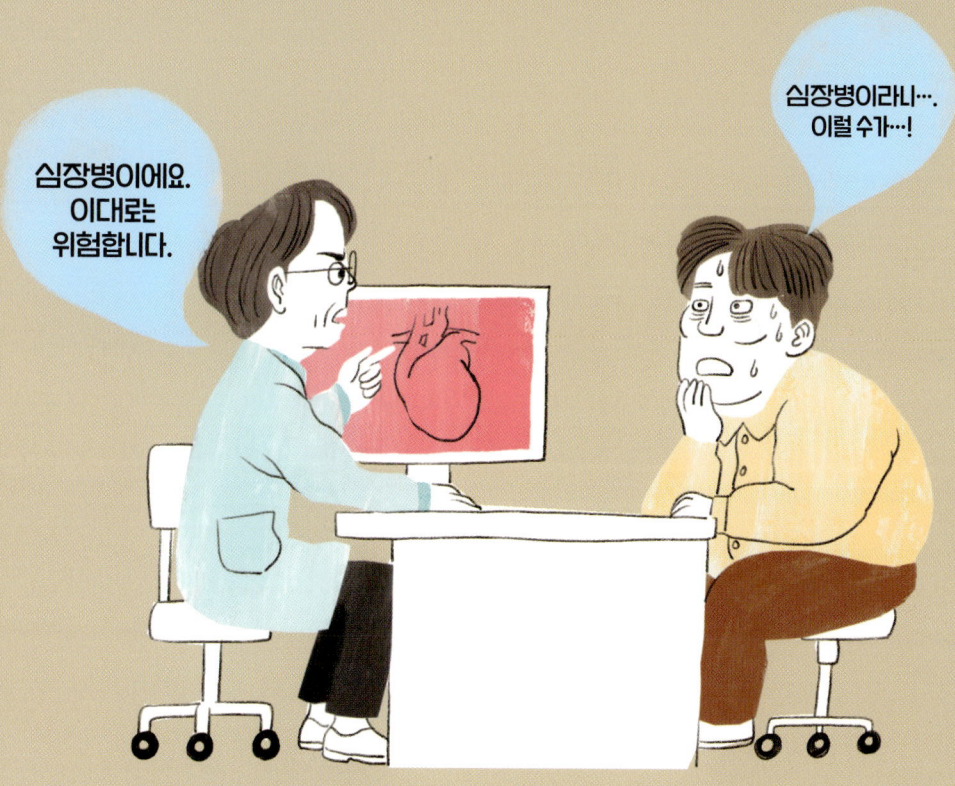

# 도사님이
# 도사님이 된 이유

자, 여기 앉아 봐, 얘들아. 여기가 바로 이 도사님의 연구실이란다. 너희 집이랑 가깝지? 그래서 내가 오며 가며 너희를 자주 볼 수 있었던 거야. 여기서 나는 몸과 건강, 그리고 음식에 대해 연구한단다. 공부를 하면서 나는 우리의 몸은 우리가 먹는 음식으로 만들어진다는 사실을 깨달았어. 음식과 우리 몸, 심지어 우리 인생은 아주 밀접한 관계가 있어. 너희가 젤 좋아하는 치킨과 콜라 콤비처럼.

사실 나도 원래부터 이런 일에 관심이 많았던 건 아니야. 나도 너희들과 똑같이 치킨, 라면, 자장면, 햄버거, 고기를 좋아하던 평범한 사람이었어. 음식에 대해 깊이 생각해 본 적도, 건강에 대해 걱정해 본 적도 없었지. 그런데 대학을 졸업하고 첫 직장인 은행에서 건강이 많이 망가졌단다. 첫 직장이었고, 이 직장에서 성공하고 싶었던 나는 몸과 마음을 바쳐서 정말 열심히 일했어. 야근을 셀 수 없이 많이 했지. 그렇게 일을 하고 늦은 시간에 집에 오면 배가 고파서 음식을 허겁지겁 먹었어. 그렇게 열심히 직장 생활을 하다 보니 욕심이 생기더구나.

'돈을 더 많이 벌 수 있는 방법은 없을까?'

우리나라 사람들이 커피를 정말 많이 마시잖아. 나는 거기에 미래가 있다고 생각했어. 그래서 회사를 그만두고 커피 사업을 해 보기로 했지. 그때부터 미친 듯이 커피를 연구하기 시작했어. 수많은 종류의 커피를 직접 맛보고 커피에 관해 공부하면서 커피 박사가 되어 갔고, 사람들이 좀 더 안심하고 마실 수 있도록 다이어트 커피를 개발했단다. 사업은 성공했지. 그러다 보니 너무 바빠서 밥 먹을 시간도, 잠잘 시간도 부족했어. 밥은 시간 날 때 대충 빨리 먹어 치웠고, 운동은 숨쉬기 운동만 했어. 그렇게 일에만 몰두하다 보니 밤에는 기운이 쭉 빠지면서 야식이 계속 당겼지. 하루도 빠지지 않고 그런 생활을 이어가니 어느새 몸무게가 80킬로그램을 넘었단다.

살이 찌자 온몸이 아파 오기 시작했어. 특히 심장이 아프더구나. 그래도 나는 젊다는 거 하나만 믿고 치킨, 빵, 아이스크림, 돈가스, 소시지, 자장면을 계속 먹었어. 그러니 어떻게 됐겠니?

계속 살이 찌고 불면증, 소화불량, 어지러움에 심한 두통까지, 그야말로 안 아픈 곳이 없는 지경까지 갔지. 내 몸이 아프다고 소리를 지르는데도 나는 바쁘다는 핑계로, 설마 내가 병에 걸리겠냐는 생각으로 병원 대신 약국에서 산 소화제와 진통제를 먹으면서 미련하게 참았지.

그러던 어느 날, 누가 심장을 쥐어짜는 것 같은 통증이 온몸을 덮치는 거야. 이번에는 너무 아파서 참을 수가 없어서 그 즉시 병원을 찾았지. 나를 진료한 의사 선생님은 무거운 표정으로 내가 심장병에 걸렸다고 말하더구나.

"안타까운 일이지만 심장에 피를 공급하는 혈관이 좁아져서 막히고 있어요."

"네? 그럼 이제 전 어떡하죠?"

하늘이 무너지는 것 같았단다. 멍한 채로 집에 돌아와 침대 위에 누워 눈을 감았지. 손끝조차 움직일 힘이 없었어. 그렇게 조용히 누워 있자니 눈앞에 어린 시절이 떠오르더구나. 우리 엄마가 저 멀리서 나를 향해 손짓하고 있는 모습이었어.

엄마가 차려 놓은 밥상 위에는 밭에서 가져온 신선한 음식이 가득했단다. 각종 생 채소와 나물, 그리고 생선 한 마리가 먹음직스럽게 한 상 차려져 있었지. 공장에서 만든 음식은 하나도 보이지 않았어. 그런 엄마의 정성 덕분에 나는 병치레 한 번 하지 않고 건강한 어린 시절을 보낼 수 있었는데 지금 내 모습은 어떤가, 괜히 눈물이 나더구나. 인생에서 가장 중요한 게 뭔지도 모르고 오로지 돈을 벌기 위해 몸과 마음을 고생시킨 내 자신에게 미안한 생각이 들었어.

그때부터 나는 심장병에 관해서 공부하기 시작했단다. 알고 보니 심장병 환자 3명 중에 1명은 자기가 무슨 병인지도 모르고 갑자기 죽는다고 하더구나. 4시간 이내에 응급실에 와도 10명 중 1명은 무조건 죽는다는 말에 나는 정말 큰 충격을 받았어. 날씨가 춥지도 않은데 등골이 서늘해지는 느낌이랄까? 다음 날부터 나는 병원을 오가면서 의사 선생님 말씀에 따라 치료를 받았단다. 그런데 검사부터 너무 힘들고 고통스러웠어. 게다가 병원에서 처방해 주는 약은 부작용이 너무 심했지.

'이렇게는 도저히 안 되겠어!'

나는 내 몸을 고치기 위해서라도 공부를 해야겠다고 생각했어. 그래서 늦은 나이에 다시 공부를 해서 약학대학에 입학했지. 그때 알게 된 건 병원과 약만으로는 병을 완전히 치료할 수 없다는 사실이었어. 그래서 나는 모든 걸 정리하고 고향으로 내려갔단다. 고향 집에서 건강을 회복하기 위해 쉬면서 건강 관련 책을 읽고 공부하기 시작했지.

'인간은 왜 뚱뚱해지고 병에 걸리는 걸까?'

이 문제가 나에게 가장 중요한 질문이었어. 이 문제의 답을 찾고 싶었지. 그래서 열심히 책을 읽고 책에서 소개한 대로 건강해지는 방법을 실행했어. 고기를 마음껏 먹으라는 책을 읽었을 때는 고기를 맘껏 먹기도 하고, 버터를 넣은 커피를 마시라는 책을 읽으면 그 커피를 매일 마셨지. 하지만 살은 빠지지 않았고 심장병도 낫지 않더구나.

그러던 어느 날, 운명적인 책을 만났단다. '왜 야생동물은 뚱뚱하지 않고 병이 없는가?'라는 주제를 다룬 책이었어. 정말 그렇잖아. 너희들, 뚱뚱한 야생동물 본 적 있니? 심장병이나 고혈압, 암으로 고생하는 야생동물을 본 적이 있어? 없잖아. 그 이유가 뭘까? 책에서는 그 동물들이 살아 있는 음식만 먹기 때문이라고 하더구나. 야생동물들은 마트에 가지 않고 공장에서 만든 음식도 먹지 않으니까 말이야.

책을 다 읽은 나는 인간도 살아 있는 음식을 먹으면 건강하게 살 수 있다는 걸 깨달았단다. 그 길로 나는 냉장고에 있던 우유, 소시지, 빵, 주스, 그렇게 맛있게 먹던 과자까지 전부 쓰레기통에 버렸어. 그리고 채소와 과일을 먹기 시작했단다. 채소와 과일을 넣고 만든, 설탕을 넣지 않은 주스도 직접 갈아 마셨지.

그러자 깜짝 놀랄 일이 생겼어. 고작 2주일 동안만 채소와 과일 위주로 먹었는데 통증이 다 사라져 버린 거야. 그러더니 살이 빠지기 시작하더구나. 3개월에 걸쳐 80킬로그램이던 몸무게가 62킬로그램으로 줄었어. 믿을 수 없다는 표정인데? 안 되겠다. 젊었을 때 사진을 보여 줘야지. 놀랄 줄 알았다니까. 정말 채소 과일식만으로 이렇게 살을 뺀 거야.

 자연에서 키운, 살아 있는 음식을 먹었더니 부작용도 없더구나. 소화가 안 된다거나 역류성 식도염에 걸린다거나 하는 일도 없었어. 그때부터 나는 10년 내내 몸무게 62킬로그램을 유지하고 있지. 어디 한 곳도 아프지 않으니 병원 갈 일도 없고 말이야. 에헴!

Before: 80kg　　　After: 62kg

그 일로 나는 음식이 약이라는 걸 깨달았단다. 실제로 동양의학에서는 음식과 약은 하나라고 말하거든. 혹시 '식치(食治)'라는 말 들어본 적 있니? 음식으로 병을 치료한다는 뜻이야. 동양만 아니라 서양에서도 마찬가지지. 서양 의학의 아버지라고 불리는 유명한 의사 히포크라테스도 이렇게 말했어.

"음식이 약이 되게 하고, 약이 음식이 되게 하라."

하지만 가공식품을 많이 먹는 현대인은 이 가르침을 따르지 않아. 현대인은 지금 음식을 너무 많이, 그리고 너무 잘못 먹어서 살이 찌고 병이 들고 있단다. 절대 못 먹어서가 아니야. 그렇게 몸이 망가지고 나면 병원에 가서 약으로 병을 치료하려고 하지. 하지만 식습관을 바꾸지 않는 한, 병은 절대 낫지 않아. 식습관만 바꿔도 기적처럼 몸이 바뀌고 병이 사라진단다. 그걸 경험한 사람들이 나를 도사라고 부르는 거란다. 마치 도술을 부리는 것처럼 몸이 싹 바뀌었다고 말야, 하하하.

그 도술을 이제 너희들에게 부려 볼까 해. 나도 너희하고 똑같은 시절을 건너 왔으니 누구보다 너희들의 마음을 잘 알고 있어. 솔직히 음식을 끊고 줄이는 건 힘든 일이야. 하지만 할 수 있어. 바로 이 도사님과 함께라면 말이야. 어때, 자신감이 생기지? 좋았어! 그럼 우리, 오늘부터 1일이다!

# 호모 사피엔스가 채식주의자였다고?

 쌍둥이와 엄마는 도사님 연구실에서 도사님의 지난 이야기를 들으며 벌린 입을 다물지 못했다. 하나하나 놀라운 일이었다. 특히 도사님의 젊었을 때 사진은 보고도 믿기 어려웠다. 지금보다 2배는 뻥튀기된 것 같았다. 게다가 표정도 어두웠다. 새삼스럽게 도사님이 대단해 보였다. 그리고 신뢰가 갔다. 그런 힘든 과정을 거쳐서 여기까지 온 분이라면 믿고 따를 수 있을 것 같았다.

 그런데 도사님의 과거를 정신없이 들을 때는 몰랐는데, 이야기가 끝나니 도사님 옷차림이 눈에 들어왔다. 쌍둥이는 서로의 옆구리를 쿡쿡 찌르다가 참지 못하고 '푸하하' 웃음을 터뜨렸다.

 "내 옷차림이 그렇게 웃기니?"

정말 모르는 게 없는 도사님이었다.

"아니, 이 옷이 어때서!"

"보라색을 진짜 좋아하시나 봐요, 도사님."

건이가 웃음을 참으며 말했다. 도사님은 보라색 재킷과 바지를 입고 보라색 모자를 쓰고 반짝거리는 보라색 구두를 신고 있었다.

"트로트 가수 같기도 하고…."

건이의 말에 강이와 엄마가 참았던 웃음을 터뜨리고 말았다. 그러거나 말거나 도사님은 아무렇지도 않은 듯 자신 있는 표정으로 말했다.

"이건 내가 제일 좋아하는 포도 색깔이야. 포도처럼 상큼하지 않니?"

"시큼하긴 해요. 그럼 포도를 좋아해서 포도색 옷을 입으신 거예요?"

"포도를 좋아하긴 하지만, 그건 아니고. 너희, 우리 인간의 눈이 색상을 기가 막히게 구분하도록 진화한 이유가 뭔지 아니?"

쌍둥이와 엄마가 웃음을 거두고 귀를 쫑긋 세웠다.

"그건 바로 잘 익은 과일을 구분해 내기 위해서란다. 과일이 그만큼 우리 인간의 건강에 유익하기 때문에 눈도 그렇게 진화한 거지. 포도는 신이 준 기적의 선물이야. 잘 익은 포도의 향과

맛을 떠올려 보렴! 아, 생각만 해도 군침이 돈다."

쌍둥이는 도사님 말에 따라 잘 익은 포도를 떠올려 보려 했지만 아무리 떠올려 봐도 군침이 돌진 않았다. 닭다리라면 몰라도 포도에 군침이 돈다니, 이해할 수가 없었다.

"또 치킨 생각! 안 되겠어! 지금 당장 탐험을 떠나야겠어."

도사님이 아이들 생각을 꼬집으며 자리에서 벌떡 일어섰다.

"탐험이요?"

아이들이 눈을 동그랗게 뜨고 되물었지만 도사님은 답변을 해 주지 않고 주문을 외우기 시작했다.

"아수라, 아수라, 발바발라 발라타!"

그러자 믿을 수 없는 일이 벌어졌다. 하얀 벽에 커다란 블랙홀이 열린 것이다. 엄마와 쌍둥이는 놀라지도 못하고 '어버버버' 하면서 블랙홀을 손가락으로 가리키기만 했다. 뭐라고 한마디 하기도 전에 네 사람의 몸은 블랙홀 속으로 빠르게 빨려 들어갔다.

정신을 차리고 보니 네 사람은 황량한 들판에 서 있었다.

"도사님, 여긴 어디죠?"

강이가 눈을 비비며 도사님에게 물었다.

"엄마, 저기 보세요! 맘모스예요!"

건이가 커다란 목소리로 소리를 지르며 어딘가를 손가락으로 가리켰다. 강이와 엄마가 건이가 가리킨 곳으로 시선을 돌렸다.

"우아! 진짜 과학책에서 보던 맘모스네!"

네 사람은 지금 1만 년 전 과거로 돌아가 있었다. 과학책에서나 보던 야생동물들이 네 사람의 주위를 어슬렁어슬렁 돌아다니고 있었다.

"얘들아, 저기를 봐. 저들이 호모 사피엔스야."

도사님이 손으로 가리킨 곳에는 영화에서나 보던 원시인 같은 사람들이 모여 있었다.

"정말 교과서에서 나온 모습 그대로네요!"

엄마가 두 눈을 동그랗게 뜨며 말했다.

"현생 인류 호모 사피엔스는 저런 모습이었어요. 신기하죠?"

"우아, 대박! 우리 반 애들한테 자랑해야지!"

강이가 펄쩍펄쩍 뛰며 말했다.

"쉿! 얘들아, 우리 호모 사피엔스를 추적해 볼까?"

도사님이 앞장서서 걸으며 세 사람에게 따라오라는 손짓을 했다. 세 사람은 발소리를 죽이며 도사님 뒤를 줄레줄레 쫓아갔다. 건강원정대의 첫 탐험이 시작되는 순간이었다.

건강원정대는 호모 사피엔스가 머물다 떠난 자리로 가까이 다가갔다. 호모 사피엔스들에게 들키면 공격당할까 봐 무섭기도 해서 숨도 제대로 쉬지 않았다. 네 사람은 마치 탐정이 된 것처럼 자리에 쪼그리고 앉아 호모 사피엔스의 흔적을 자세히 살펴보았다.

"껍질을 보니까 이건 과일 같은데요?"

"풀도 있어요. 채소를 먹었나 봐요."

"역시 눈썰미가 좋단 말이야. 맞아. 호모 사피엔스의 주식은 채소와 과일이었어."

"안됐다. 그 맛있는 치킨, 햄버거도 못 먹어 보고…."

강이가 정말 안쓰럽다는 듯 슬픈 목소리로 말했다.

"강이의 마음을 호모 사피엔스가 안 건가? 그렇게 채소와 과일을 먹던 호모 사피엔스도 조금씩 변하기 시작했어. 지금으로부터 약 1만 년 전이었지. 농사짓는 법을 알게 된 똑똑한 호모 사피엔스는 농업혁명 이후에 식단이 바뀌었단다. 그리고 불을 사용하면서 집단을 이루고 부족을 형성했지. 그러니까 본격적으로 농사를 짓고 가축을 기르면서 먹거리가 풍족해진 거야. 하지만 그와 동시에 불행도 시작됐단다. 농업혁명 이후부터 여러 병에 시달리기 시작했어."

강이가 고개를 갸우뚱하며 물었다.

"도사님, 이상해요. 농사를 지으면 밥도 먹을 수 있으니 더 풍부한 영양소를 섭취했을 텐데 왜 병에 걸려요?"

도사님이 강이를 향해 엄지손가락을 치켜세우며 환호성을 질렀다.

"와우, 좋은 질문! 역시 건강원정대다워! 그렇게 생각하기 쉬운데 꼭 그렇지만은 않아. 원래 호모 사피엔스는 물을 길러 가거나 음식을 찾으러 하루 종일 돌아다니면서 하루에 수십 킬로미터를 이동했거든. 그런데 농사를 지으면서부터 움직이는 시간이 대폭 줄어들었어."

"걷는 것만큼이나 농사도 힘이 많이 들고 힘들지 않나요?"

이번에는 건이가 질문했다.

"와우, 그것도 좋은 질문! 농사짓기도 당연히 힘들지만 척박한 땅을 돌아다니면서 조금밖에 먹지 못하는 게 훨씬 힘든 일이지. 그리고 농사를 지으면서 호모 사피엔스의 입맛도 변했어. 야생 식물을 다양하게 먹다가 농사를 짓기 시작한 뒤로 밀과 쌀을 주로 먹게 됐지. 야생 식물에는 각종 비타민과 유기미네랄 같은 영양소가 풍부했는데 더 이상 이런 영양소를 섭취하지 않게 된 거야. 밀과 쌀을 통곡물 형태로 그대로 먹지 않고 부드럽게 만들기 위해 거친 부분은 깎아 내고 요리하기 시작한 거지. 곡물을 분쇄하고 분말을 만들고 해괴망측한 첨가물을 넣으면서 문

제가 시작된 거야."

"무슨 문제요?"

강이가 밀가루로 만든 따끈하고 달콤한 빵을 떠올리며 질문을 던졌다.

"빵 생각은 그만하고 도사님 말에 집중! 그런 음식을 먹기 시작하면서 전에 없던 여러 가지 질병에 걸리게 된 거야."

깜짝 놀란 강이가 머릿속에서 빵을 떨쳐 내며 다시 물었다.

"그럼 호모 사피엔스는 원래 채식주의자들인가요?"

"그렇지. 학자들의 연구 결과를 보면 호모 사피엔스가 과일과 채소 위주로 먹었다는 증거가 아주 많아. 호모 사피엔스는 사냥에 유리한 무기를 갖게 된 후에도 과일과 채소를 섭취했단다. 호모 사피엔스에 관한 연구를 보면 몸을 움직이는 데 필요한 열량의 대부분은 여자들이 채집해 오는 식물에서 얻었다고 해."

그동안 도사님 말을 집중해서 듣던 엄마가 불만스러운 듯 말했다.

"아니, 남자들은 뭘 하고요? 여자들이 채집하면 남자들은 사냥을 하지 않나요? 그 사냥한 동물은 어떡하고요?"

"하하하, 어머님 진정하시고요. 사냥을 해도 토끼 같은 작은 동물들이었죠. 우리가 상상하는 것처럼 커다란 동물을 사냥하는 일은 드물었어요. 가끔씩 큰 동물을 잡아서 먹긴 했죠. 남자들끼리 합심해서 말이에요. 그런 동물들이 단백질 공급원이었습니다. 그러나 그것도 식량이 될 만한 식물이 거의 없고 대형 동물이 많았던 북극 지방에 사는 인류에게만 해당되는 일이었어요. 우리 인류가 북극에서 거주하기 시작한 건 과거 수천 년에 지나지 않습니다. 그러니 인간은 원래 잡식동물이라는 말도 사실은 틀린 거죠."

도사님의 설명대로 인류는 위대한 사냥꾼이 아니었던 것이다. 그보다는 식물이나 소형 동물을 얻기 위해서 석기를 사용하는 약삭빠른 침팬지에 가까웠다. 농업이 시작된 1만여 년 전 호모 사피엔스의 조상들은, 창과 칼을 들고 사냥하는 인류가 아니라 어쩌다 고기를 먹는 침팬지에 불과했다. 하지만 1만 년이 흐른 뒤 무서운 놈이 나타난 것이다. 바로 공장 음식!

"호모 사피엔스들을 보면서 건이 강이는 무슨 생각을 했니?"

도사님의 질문에 쌍둥이가 골똘히 생각했다.

"음…. 배가 많이 고팠을 것 같아요!"

"솔직히 좀 불쌍해요. 가끔 먹는 것도 아니고 과일이나 채소가 주식이었다니 얼마나 맛이 없었겠어요. 그런 것만 먹어서 빼빼 말랐나 봐요."

도사님이 쌍둥이의 대답에 빙그레 웃으며 답했다.

"우리 시선에서 보면 그럴 수 있지. 먹을 걸 제대로 못 먹어서 저렇게 말랐나 보다 생각하는 사람이 많을 거야. 근데 호모 사피엔스가 지금 현대인보다 훨씬 건강했단다. 왜냐면 채소, 과일, 통곡물 같은 건강한 음식만 먹었으니까."

건이가 한숨을 내쉬며 절망적인 표정을 짓자 도사님이 껄껄 웃으며 말을 이었다.

"믿기 싫지? 그렇지만 사실이야. 지나친 육류 섭취와 공장 음식이 비만과 질병의 원인이거든. 세계암연구기금(World Cancer Research Fund, WCRF)에서 최근 10년간 5,100명의 식습관과 생활 방식을 조사해서 '암 예방에 도움이 되는 10가지 수칙'을 발표했는데, 그중 3위가 '매일 400그램의 채소를 먹을 것'이었어. 2위는 '활발한 신체 활동을 할 것', 1위는 '정상 체중을 유지할 것'이었지."

"도사님, 채소와 과일, 곡물만 먹는 것도 편식 아닌가요? 골고루 먹어야 건강하죠!"

건이가 항의하듯 말했다.

"그건 충분한 영양 공급을 할 수 없을 만큼 가난했던 옛날에나 통하는 말이지. 이젠 '골고루 먹어라'에서 '과일과 채소를 우선으로 먹어라'로 바뀌고 있어. 바뀌었다기보다 그게 진실이야. 나도 이 방법으로 18킬로그램을 감량하고 요요 없이 그 몸무게를 지금까지 유지하고 있단다. 몸짱이 된 거지."

도사님이 보라색 재킷을 펼치며 자신의 체격을 보여 주었다. 쌍둥이는 그러거나 말거나 눈동자를 굴리며 배고프다는 생각만 하고 있었다. 도사님의 말을 들을수록 고기나 햄버거가 더욱더 먹고 싶었다.

"도사님, 이제 그만 집으로 가면 안 돼요? 너무 배고파요."

"엄마! 집에 가요. 다리가 너무 아파요."

쌍둥이가 도사님과 엄마에게 칭얼거리기 시작했다.

"자자, 엄살 그만 부리고 한 군데 더 탐험하고 돌아가자."

도사님의 폭탄 발언에 쌍둥이는 울상이 됐다.

"네? 또요? 대체 어디로요?"

건이가 거의 울 것 같은 얼굴로 물었다.

"가 보면 알아. 아수라, 아수라, 발바발라 발라타!"

도사님의 주문이 끝나자 허공에 나타난 커다란 블랙홀이 건강원정대를 집어삼켰다.

**잠깐! 건강 상식**

**호모 사피엔스 시대의 식생활이 궁금해?**

현재 지구상에서 생활하고 있는 우리 인간을 다른 말로 '호모 사피엔스(Homo Sapiens)'라고 부릅니다. '생각하는 자'라는 뜻이죠. 무려 700만 년에 걸쳐서 지금의 모습을 갖게 된 거죠. 우리 하나하나가 얼마나 위대하고 대단한 존재인지 알겠죠?

이렇게 긴 시간 동안 살아남기 위해 호모 사피엔스는 과연 무엇을 먹고 살아왔을까요? 현재 여러분의 치아나 손발톱을 살펴보세요. 사자나 호랑이와 싸우거나 얼룩말을 잡아먹게 생기지는 않았죠?

맞아요. 우리 인간은 채소와 과일을 통해 에너지를 공급받으며 살아오게끔 진화되었답니다. 그래서 의사나 여러 전문가들이 채소와 과일을 많이 먹어야 건강하다고 강조하는 것이죠.

700만 년을 거쳐 지금의 모습을 갖추게 된 우리의 몸이랍니다. 소중한 내 몸을 건강하게 잘 지키는 방법은 어렵지 않습니다. 채소와 과일을 먹기 시작하면 됩니다!

# 치킨, 소시지가 없는 시대라니

건강원정대가 떨어진 곳은 사람이라곤 찾아볼 수 없는 어느 산골이었다. 쌍둥이는 낯선 환경에 주위를 두리번거렸다. 잠시 뒤, 저 멀리 허름한 한복 저고리와 바지를 입은 사람이 소를 끌고 걸어오는 모습이 보였다.

"여긴 또 어디야…."

건이가 주위를 둘러보며 혼잣말을 했다.

"시골인 것 같은데?"

강이가 남자에게 시선을 보내며 말했다. 농사일을 마치고 집으로 돌아가는 것 같은 행인은 멀리 있어서 얼굴은 잘 보이지 않았지만 지친 기색이었다. 게다가 몹시 마른 몸매였다. 행인이 끌고 오는 소도 덩치가 크지 않았다. 쌍둥이와 엄마가 어리둥절

해하고 있을 때, 도사님이 행인에게 다가가 인사를 건넸다.

"안녕하십니까, 어르신."

괴상한 행색을 한 사람이 다짜고짜 인사를 건네자 행인은 깜짝 놀라 뒷걸음질을 쳤다.

"실례지만, 지금이 몇 년도인가요?"

"허허, 참 괴상한 사람일세. 아니, 지금이 몇 년도인지도 모르시오? 1962년 아니오. 게다가 그 해괴망측한 옷차림은 뭐요?"

"하하하, 역시 제 패션 센스에 놀라시는군요. 어때요, 멋지죠?"

도사님이 재킷을 펄럭이며 한 바퀴 휘리릭 돌았다.

"허허, 정말 남사스럽구먼. 미친 사람이 아니고서야."

행인은 네 사람의 행색을 위아래로 훑어보다가 혀를 끌끌 차고는 다시 길을 갔다. 행인의 뒷모습을 바라보던 쌍둥이가 마치 쓰러지듯 논두렁에 털썩 주저앉았다.

"엄마, 도사님. 우리 이제 집에 가요. 배고파 죽겠어요."

강이가 투덜거리자 도사님이 강이 옆에 앉으며 말했다.

"우리가 지금 1962년도에 와 있다니 신기하지 않니? 너희들 할머니가 어린이였던 시절이란다."

도사님이 뿌듯해하며 자랑하듯 말했다.

"신기하긴 한데, 그것보다 너무 피곤해요."

건이가 울상을 지었다. 도사님은 쌍둥이의 불평을 듣는 둥 마는 둥 하며 신이 나서 말을 이었다.

"내가 부린 도술이지만 정말 놀라운 능력이야. 시간을 거슬러 1960년대로 오다니! 얘들아, 이때는 우리나라가 경제적으로 풍요롭지 못하고 음식도 풍족하지 못했던 시대야. 이 시대 사람들은 뭘 먹었는지 궁금하지 않니? 너희 할머니는 뭘 드셨을까?"

도사님의 말이 끝나자마자 건이가 나서서 항의했다.

"도사님, 탐험도 좋지만 식당에 가서 밥이라도 먹으면 안 될까요? 어지러워서 아무것도 안 보여요."

그러자 잠자코 있던 엄마가 도사님 대신 대답했다.

"건아, 이 시골에 식당이 있겠니?"

"식당이 없어요? 그럼 편의점이라도 가요!"

강이가 한 술 더 떠서 말했다. 도사님은 아이들에게 차분히 설명을 시작했다.

"얘들아, 나도 너희들한테 뭐라고 사 주고 싶은데, 여기엔 편의점도, 식당도, 마트도 없어. 그런 건 물론이고 먹을 것도 없단다. 1960년대면 보릿고개가 있을 때거든. 가을에 수확한 양식이 바닥나고, 올해 농사지은 보리는 아직 여물지 않아서 먹을 게 없는 5월에서 6월까지를 보릿고개라고 하지."

"그럼 이 사람들은 보릿고개가 오면 굶었어요?"

건이가 깜짝 놀라서 되물었다.

"풀뿌리나 나무껍질을 먹거나 식량을 찾아서 유랑민이 되어 떠돌아다녔단다."

도사님의 말을 들은 강이가 엄마에게 물었다.

"엄마, 엄마는 우리한테 맨날 고기 적게 먹어라, 채소랑 과일 많이 먹어라 그러셨잖아요."

"그래, 그랬지."

"그럼 이 시대에는 고기를 먹고 싶어도 먹을 수 없고 마트도 없으니까 건강했겠네요. 근데 아까 본 그 아저씨는 왜 그렇게 힘이 없고 비실비실해 보이는 거죠?"

강이가 호기심 가득한 얼굴로 물었다. 말문이 막힌 엄마가 도사님에게 도움의 눈길을 보냈다. 그러자 도사님이 냉큼 대답했다.

"그 질문이 나올 줄 알았지. 왜냐면 많은 사람들이 나한테 따지듯이 그렇게 묻거든. 그럼 왜 고기를 못 먹던 시절, 그러니까 어쩔 수 없이 채소만 먹던 조선 시대에는 평균 수명이 왜 그렇게 짧았냐고 말이야."

"맞아요! 제가 궁금한 게 바로 그거예요."

"답은 생각보다 간단해. 바로 영양 부족! 그때는 경제적으로 가난해서 풍족하게 먹을 수 없었고 먹을 것도 없었어. 그러면서

술과 담배를 많이 했으니 수명이 짧을 수밖에 없지."

엄마와 쌍둥이가 그제야 알았다는 듯 고개를 끄덕이며 도사님 얘기를 유심히 들었다.

"현대인의 수명이 늘어난 이유가 뭔지 아니? 첫째는 상하수도 시설이 갖춰져서 위생 상태가 좋아졌다는 점, 둘째는 기계가 발명돼서 힘든 육체 노동에서 해방됐다는 점, 마지막 셋째는 채소와 과일이 풍부해졌다는 점이야. 그중에서도 채소와 과일이 풍부해진 게 1순위로 꼽히지."

도사님 설명에 엄마가 신이 나서 쌍둥이를 보며 말했다.

"그것 봐, 얘들아. 채소와 과일이 이렇게 중요한 거야."

쌍둥이는 그래도 여전히 못마땅한 표정이었다. 그러자 다시 도사님이 나섰다.

"예를 들어볼게. 너희들 몽골이라는 나라 알지? 예전에 몽골 사람들은 거의 육식만 했어. 그러다가 1980년대에 채소와 과일이 들어왔고, 그러면서 수명이 크게 늘었단다. 이 도사님이 강조하는 게 그거잖아. 산 음식을 먹으면 오래 살고, 죽은 음식을 먹으면 일찍 죽을 것이니라!"

하지만 쌍둥이에게는 별로 효과적인 말이 아니었다. 엄마만 고개를 크게 끄덕이며 도사님의 말에 반응할 뿐이었다.

"아~, 치킨 한 마리만 먹으면 소원이 없겠다."

강이가 풀이 죽어서 말하자 옆에서 건이가 맞장구를 쳤다.

"난 컵라면 하나 먹고 싶어. 아니, 소시지라도 한 입만 먹으면 소원이 없겠어."

건이는 거의 울 것 같은 목소리로 말했다.

"치킨도 없고 소시지도 없고, 이런 세상에서 어떻게 살아요!"

쌍둥이가 앞서거니 뒤서거니 하며 도사님에게 항의했다.

"얘들아, 진정해, 진정해. 진짜로 여기서 살라는 게 아니라 그저 너희들에게 새로운 길을 보여 주려는 것뿐이야. 아무리 좋은 음식이라도 내가 너희들

입을 억지로 벌리고 막 퍼 넣어 줄 수는 없잖아. 식습관을 바꾸는 게 얼마나 힘든 일인지 나는 너무나 잘 알지."

옆에서 연신 고개를 끄덕이며 듣고 있던 엄마가 물었다.

"도사님, 그럼 고기와 생선은 아예 드시지 않으세요?"

"거의 먹지 않습니다."

"그럼 단백질을 어떻게 섭취하시나요?"

도사님은 그런 질문이 나올 줄 알았다는 듯 옅은 미소를 띠며 말을 이었다.

"역시 단골 질문이 또 나왔네요! 단백질은 고기와 생선을 먹어야만 얻어지는 게 아니에요. 채소와 과일에서도 단백질을 충분히 얻을 수 있어요. 우리가 모르고 있을 뿐이죠. 병을 고쳐 달라고 저를 찾아온 많은 환자들 중에 류머티즘, 신경염, 좌골신경통 등을 앓는 사람들의 공통점이 뭔지 아세요? 고기를 너무 많이 좋아하고, 많이 먹었다는 점입니다."

도사님의 말에 엄마는 크게 깨달은 표정이었다. 그러나 쌍둥이는 영혼 없는 얼굴로 허공을 멍하니 바라볼 뿐이었다. 쌍둥이가 바라보는 허공에는 닭다리, 햄버거, 불고기, 콜라, 피자가 둥둥 떠다니고 있었다.

## 건강한 밥상? 맛없는 밥상!

　영혼 없는 얼굴로 논두렁에 앉아 있던 쌍둥이의 귀에 도사님의 주문이 또다시 들려왔다.
　"아수라, 아수라, 발바발라 발라타!"
　쌍둥이는 손을 내저으며 "제발, 이제 그만요!"라고 소리를 질렀지만 블랙홀은 강력하게 건강원정대를 끌어들이고 있었다.
　"이번에는 또 어디예요?"
　건이가 큰 소리로 물었다. 하지만 도사님은 팔짱을 낀 채 공중에 두둥실 떠서 휘파람을 불고 있었다.
　"설마, 여기 우주야?"
　강이가 손을 허우적거리며 물었다.
　"우주? 안 돼! 그럼 먹을 게 하나도 없잖아!"

건이가 끔찍하다는 듯 몸서리를 쳤다.

"으악, 안 돼, 집에 갈 거야!"

"이제 탐험은 싫어!"

쌍둥이는 크게 소리를 지르며 발버둥을 쳤다.

"쿵!"

쌍둥이는 각자의 침대에서 눈을 번쩍 떴다. 침대에서 떨어진 쌍둥이는 아픈 뒤통수를 쓰다듬으며 일어나 앉았다. 주위를 둘러보니 낯익은 곳이었다.

"와, 내 방이다. 내 방!"

건이는 팔다리를 휘적이며 좋아했다. 동시에 강이도 활짝 웃으며 방문을 벌컥 열었다. 쌍둥이는 서로의 얼굴을 보며 한시름을 놓았다.

"우리, 집에 온 거 맞지? 이거 꿈 아니지?"

"꿈 아닌 것 같아! 잠깐만! 엄마가 아침밥 하는 거 같은데?"

둘은 앞다투어 주방으로 갔다. 건이와 강이는 주말 아침마다 엄마가 만들어 주는 달걀말이와 소시지 구이를 먹을 생각에 벌써부터 입안에 군침이 돌았다. 그동안 탐험하느라 고생했으니까 어쩌면 불고기가 올라올지도 모른다는 기대감으로 가슴이 부풀어 올랐다.

"세수하고 양치질했어? 어서 와서 앉아. 밥 먹자."

식탁을 다 차린 엄마가 앞치마를 벗으며 말했다. 건이와 강이는 식탁 앞으로 달려가 식탁 위에 차려진 요리를 재빨리 살폈다. 이럴 수가! 불고기는커녕 달걀말이도, 소시지 구이도 찾아볼 수 없었다. 그래도 실망하긴 일렀다. 엄마가 따끈하게 구워 주려고 아직 프라이팬 안에 넣어 두었을지도 몰랐다. 쌍둥이는 얼른 프라이팬 안을 들여다봤다. 하지만 거기에도 소시지는 없었다. 식탁 위에는 잡곡밥과 콩나물국, 반찬으로는 김치, 감자볶음, 멸치조림, 양배추 샐러드, 버섯 장조림이 전부였다.

"아침이 이게 다예요?"

건이가 믿을 수 없다는 듯이 동그래진 눈으로 엄마를 바라보며 물었다. 도사님이랑 탐험하느라 먹고 싶은 것도 마음껏 못 먹었는데 이런 풀을 먹고 어떻게 기운을 차린단 말인가. 실망한 쌍둥이는 눈물이 핑 돌 정도로 섭섭했다.

"너희들 어제 배고프다고 난리였잖아. 얼른 맛있게 먹자."

엄마는 시치미를 뚝 떼면서 의자에 앉았다. 사실 엄마는 쌍둥이 몰래 도사님과 특별 과외 시간을 가졌다.

"쌍둥이의 식습관을 고치기 위해서는 어머님이 지휘자가 되셔야 해요."

"네! 명심하겠습니다, 도사님."

도사님은 본격적인 수업에 앞서 엄마에게 질문을 던졌다.

"쌍둥이는 아침에 주로 무엇을 먹나요?"

"고기가 없으면 둘 다 울상이에요. 어찌나 반찬 투정을 해대는지…. 아침에는 달걀말이나 소시지 구이로 대신하고 있어요."

"이런! 어머님, 소시지는 좋지 않습니다. 석쇠에 고기를 구우면 1급 발암 물질인 벤조피렌(Benzopyrene)이 나오는데, 이놈이 아주 골치 아픈 놈이에요. 석면, 담배, 가공육이 다 1급 발암 물질이거든요. 그러니까 아이들이 소시지나 햄을 먹는 건 담배를 피우거나 석면을 들이마시는 것과 같은 거예요."

"네? 가공육이 그 정도로 해로운가요?"

"초등학교 건물에 석면이 있으면 학부모님들이 나서서 철거하자고 항의하잖아요. 그런데 소시지와 햄을 먹는 아이들은 제지하지 않으시더라고요. 심지어 아이들이 좋아한다는 이유로 직접 구워 주기까지! 저는 세상에서 가장 나쁜 음식이 독약 다음에 가공육이라고 생각해요. 아이들이 먹어서는 안 되는 음식이에요."

엄마는 죄 지은 사람처럼 고개를 숙이고 말았다. 가공육이 좋은 식품이 아니라는 건 알고 있었지만 아이들 건강에 그토록 치명적인 영향을 끼칠 줄은 몰랐다.

"가공육은 화학 물질 덩어리예요. 색깔을 선명하게 보이게 하는 발색제, 고기를 오래 보존하게 하는 보존제가 들어가는데, 이게 아주 나쁜 놈들이거든요. 그러니까 예쁜 핑크빛 소시지의 겉모습에 속지 말아야 합니다."

"앞으로 가공육은 먹이지 않을게요. 그런데 도사님, 한 가지 질문이 있어요."

엄마는 진지한 얼굴로 말했다.

"쌍둥이는 성장기에 있는 아이들이잖아요. 그럼 단백질이 필요하지 않을까요?"

도사님이 그런 질문이 나올 줄 알았다는 듯 고개를 끄덕이며 거침없이 말을 이었다.

"고기를 먹으면 단백질을 섭취할 수 있을까요?"

뜻밖의 되물음에 엄마가 살짝 당황했다.

"네? 그렇지 않나요? 고기, 생선, 달걀, 우유는 단백질이잖아요…."

"단백질, 그것이 알고 싶다! 자, 들어보세요. 단백질은 우리 몸 안에서 먼저 분자와 원자로 분해돼야 해요. 그런 후에 그 원자와 분자들을 우리 몸에 필요한 아미노산으로 재결합시켜야 하죠. 그런데 그렇게 만들어진 아미노산은 우리가 먹은 고기 속에 있는 아미노산과 전혀 다른 종류일 수 있습니다. 쉽게 말해서 단백질을 먹는다고 해서 단백질이 생기지 않는다는 거죠. 어머님이랑 아버님도 고기를 좋아하시나요?"

"애들 아빠가 고기를 좋아해요. 장조림이라도 있어야 밥을 먹으니까요."

"어머님은요?"

도사님의 눈이 엄마의 속을 꿰뚫어 보듯 반짝거렸다.

"저도 식구들 입맛이 그렇다 보니 따라가는 것 같아요. 요즘엔 저도 고기가 없으면 허전하더라고요. 고기 없이 상을 차리면 너무 성의가 없나 싶고…."

엄마가 머쓱해져서 답했다.

"바로 그겁니다, 어머님! 담배, 술, 커피에만 중독되는 게 아니라 육류에도 중독될 수 있어요. 없으면 허전하다고 느끼는 거죠. 그런 고기 신화에서 벗어나야 해요. 육류와 육가공품을 먹고 소화시키는 과정에서 소화기관은 매우 힘든 일을 해요. 결과적으로 엄청나게 많은 양의 요산이 발생하고, 그 요산은 결국 몸에 흡수되어 근육에 저장됩니다. 그리고 근육이 움직일 때마다 통증을 유발하죠. 그게 바로 뭐다? 통풍(痛風)이다!"

엄마도 신문 기사에서 읽은 적이 있었다. 바람만 스쳐도 통증이 느껴진다 해서 붙여진 이름 통풍. 과도한 육류 섭취로 인해 발생하는 신경통을 말한다.

'바람만 스쳐도 아프다니, 얼마나 자주, 온몸이 아프길래 이런 이름이 붙여졌을까?'

엄마는 신문 기사를 읽으면서 그런 생각을 했었다. 더 무서운 건 통풍은 완치가 힘들다는 점이었다.

"고기가 없으면 밥을 먹지 못 한다는 건 핑계예요. 기름진 고기를 굽고 그 기름에 김치를 구워서 같이 먹다가 밥까지 볶아 먹는 쌍둥이네 삼겹살 파티는 이제 안녕 하셔야 해요."

도사님이 마치 웅변하는 연사처럼 강하게 말하자 엄마는 깜짝 놀랐다.

"어머나, 도사님! 저희 집에서 매주 삼겹살 파티하는 걸 어떻게 아셨어요? 정말 도사님이시네요. 삼겹살을 너무 많이 먹는 것 같아서 요즘은 기름이 적은 목살로 바꾸려고 하는데 다들 결사반대예요."

도사님이 검지손가락을 흔들며 고개를 절레절레 저었다.

"안 됩니다, 안 돼요. 쌍둥이들에게는 채소와 과일처럼 몸의 내부를 청소하는 청소 음식이 필요해요. 어떤 음식을 먹여야 하는지는 천천히 알려드릴 테니, 우선은 육류와 육가공품이 없는 식탁을 먼저 차려 보세요."

그랬다. 엄마의 소박한 밥상은 도사님이 특별 과외 후에 내준 숙제였다.

"엄마, 불고기 진짜 없어요? 이게 뭐야. 맛있는 게 하나도 없잖아요. 난 밥 안 먹을래!"

건이가 마치 시위하듯 식탁에서 벌떡 일어났다. '이러면 엄마가 불고기를 구워 주겠지?' 하는 마음에서 한 연기였다. 그러나 그건 건이의 착각이었다.

"그러렴. 한 끼 정도는 안 먹어도 돼."

엄마가 젓가락을 들며 말했다. 강이는 너무나 달라진 엄마의 눈치를 살피고 있었다.

"야, 박강! 넌 먹을 거야?"

건이가 강이를 노려보며 물었다. 물론 강이도 반찬이 마음에 안 들었지만 그렇다고 밥을 굶기는 싫었다. 너무 배가 고팠기 때문이다.

"먹기 싫긴 한데, 어쩔 수 없잖아. 난 이거라도 먹을래."

강이는 엄마가 차려 놓은 밥을 먹기 시작했다.

'치사한 녀석, 배신자….'

건이는 강이에게 눈을 흘겼다.

"아이들이 고기 없으면 밥을 안 먹겠다고 해도 절대로 흔들리시면 안 됩니다!"

엄마는 잡곡밥을 씹으며 도사님의 신신당부를 떠올렸다.

'그래, 이번 기회가 아이들 식습관을 고치는 마지막 기회라고 생각하자. 절대 흔들리지 않을 거야.'

엄마는 멸치조림을 입에 넣고 우물우물 씹었다. 씹을수록 고소한 맛이 입안에 퍼졌다. 건이는 흔들림 없는 엄마를 한동안 보다가 발을 쿵쾅거리며 방으로 들어갔다. 방문을 닫고 들어오는 순간, 자신의 행동이 후회스러웠다.

'그냥 먹을걸. 감자볶음 맛있게 생겼던데…. 그나저나 엄마가 왜 저렇게 변하신 거지? 우리 엄마 같지가 않아.'

건이는 침대 위에 벌렁 드러누웠다. 배에서는 배가 고프다고 아우성이었다. 건이는 배고픔을 잊어 보려 이불을 머리끝까지 덮어썼다.

## 엄마는 절대 흔들리지 않아!

이번에 엄마의 각오는 남달랐다. 이번에도 마음이 약해지면 아이들 식습관 개선은 물 건너 간다는 생각이 들었다. 그래서 쌍둥이 투정도 한 귀로 듣고 한 귀로 흘렸고, 쌍둥이 눈도 최대한 보지 않으려 했다. 눈을 보면 마음이 또 약해지기 때문이다. 하지만 그렇게 일주일이 지나자 쌍둥이의 기력이 눈에 띄게 약해지기 시작했다. 말수도 줄고 걸음걸이도 힘이 없었다. 매일 어깨를 축 늘어뜨리고 다니는 게 보기 괴로울 정도였다. 엄마 앞에서 연기를 하는 게 아니라 정말 기운이 없어서였다. 게다가 짜증도 늘었다. 엄마가 숙제했냐고 물어보기만 해도 버럭 짜증을 냈다.

"엄마, 아까도 물어보셨잖아요. 숙제 지금 하고 있는데 자꾸 물어보시면 어떡해요."

급식 맛있었냐고 물어봐도 짜증이었다.

"맛없었어요. 요즘 저희한테 맛있는 게 어딨겠어요."

톡톡 쏘아붙이는 게 정말 얄미울 정도였다. 그래서 안 되겠다 싶어 한마디하려고 하면 다시 우는 소리를 냈다.

"엄마, 우리 입장이 돼 보세요. 매일매일 먹던 맛있는 음식을 하나도 못 먹는데 어떻게 기운이 나겠어요. 정말 너무 힘들다고요. 힘들고 우울해요!"

"엄마, 딱 하루만 예전처럼 먹고 싶은 대로 먹으면 안 돼요? 눈앞에 닭다리가 왔다 갔다 해요."

하루하루 지날 때마다 엄마도 스트레스가 쌓이기 시작했다. 오로지 쌍둥이가 좋은 음식을 먹고 건강해졌으면 하는 마음에서 시작한 일인데 그런 엄마 마음도 모르고 저렇게 짜증을 내고 투정을 부리니 서운한 마음도 들었다.

'아니야, 아직 애들이잖아. 저러는 게 당연하지.'

엄마는 금방 마음을 고쳐먹었다. 부모의 마음을 다 헤아릴 줄 알면 어린이가 아니지 않은가! 하지만 속상한 마음은 어쩔 수 없었다. 공부하는 애들인데 음식으로 저렇게 스트레스를 줘도 되나 걱정스럽기까지 했다.

'휴, 어떻게 해야 하지? 도사님이 신신당부를 하셨는데, 쌍둥이는 저렇게 아우성이고…'

엄마는 식탁 의자에 앉아 머리를 감싸 안았다. 엄마는 쌍둥이가 태어나던 날을 생각했다. 쌍둥이는 태어날 때부터 다른 신생아들보다 몸무게가 많이 나갔다. 주위 사람들은 건강한 아기가 둘이나 태어났다고 축하했지만 쌍둥이는 유아 시절부터 줄곧 몸무게가 많이 나갔다.

쌍둥이의 친가와 외가 모두 비슷했다. 친가와 외가 식구 모두 식욕이 왕성해서 잘 먹고 체구가 컸다. 특히 쌍둥이의 외할아버지는 배가 불룩 나오고 체형이 뚱뚱했다. 심장병으로 돌아가시기 전까지 기름진 음식, 술, 담배를 좋아하셨다. 친가는 소화기관에 병을 앓은 사람이 많았다. 그중에는 대장암이나 췌장암에 걸린 친척도 있었다. 다들 먹는 걸 좋아하고 특히 육류, 기름진 음식을 좋아했다.

엄마는 가족의 병력으로 자신과 남편은 물론 쌍둥이까지 병을 얻을까 봐 무서웠다. 그래서 쌍둥이가 태어났을 때 '건강하라'는 뜻으로 박건, 박강이라고 이름을 지은 것이다.

깊은 시름에 잠겨 있던 엄마가 갑자기 자리에서 벌떡 일어났다. 당장 도사님을 찾아가 이 일에 대해 의논해야겠다는 생각이 들었다. 엄마는 육상선수처럼 뛰어서 도사님의 연구실 문을 두드렸다.

도사님은 연구실에서 당근을 우적우적 씹어 먹고 있었다. 엄마의 심각한 표정을 본 도사님은 먹고 있던 당근을 내려놓으며 말했다.

"녀석들이 엄마 마음도 모르고 말이야."

도사님의 그 말에 엄마의 눈에서 또르르 눈물이 흘렀다. 힘든 마음을 도사님이 위로해 주는 것 같아 마음이 무너진 것이다. 도사님은 엄마에게 휴지를 건넸다.

"아이들이 너무 힘들어하니까 저도 자꾸 마음이 약해져요, 도사님. 전 그냥 아이들이 건강하기만을 바랄 뿐인데 식습관을 고치는 게 이렇게 힘든 일인 줄 몰랐어요."

엄마가 휴지로 코를 '퀭' 풀면서 말했다.

"엄마 마음도 몰라주는 바보 쌍둥이!"

도사님이 슬며시 쌍둥이 흉을 보자 엄마가 따끔하게 반박했다.

"바보는 아니에요. 우리 애들이 얼마나 똑똑하다고요!"

"하하하, 네네. 우리 쌍둥이들 천재 만재."

도사님의 장난에 엄마가 빙긋 웃었다. 그러자 도사님이 갑자기 진지하게 물었다.

"어머님은 쌍둥이가 어떻게 변하길 바라세요?"

"우선은 정상 체중이 되면 좋겠어요. 그럼 친구들한테 놀림을 안 받을 테니까요…."

"살만 쪽 빠지면 되나요?"

"살이 빠지면 건강해지는 것 아닌가요?"

도사님은 언제나처럼 검지손가락을 흔들며 고개를 가로저었다. 엄마의 눈이 휘둥그레졌다.

"아닙니다, 어머님. 살이 빠져서 건강해지는 게 아니라 건강해지는 과정에서 살이 빠져야 해요. 그러니까 날씬한 아이들이 되는 게 아닌, 건강한 몸을 가진 아이들이 되는 것! 그게 저희의 목표가 돼야죠."

엄마는 새로운 가르침을 받은 기분이었다.

"그런 생각은 해 보지 못했어요, 도사님. 전 그냥 아이들이 건강했으면 좋겠다 막연하게 그런 생각만 했어요."

도사님이 갑자기 무언가를 골똘히 생각하더니 주먹을 불끈 쥐며 말했다.

"결심했어요, 어머님. 건이는 비염, 강이는 아토피가 있죠?"

"네, 맞아요. 그래서 항생제를 먹고 있어요."

"그럼 우리의 목표를 쌍둥이의 장 건강 회복으로 잡아요. 목표는 구체적일수록 좋거든요. 장이 건강해지면 살도 빠지고 면역력이 좋아져서 항생제도 끊게 될 거예요."

엄마는 도사님의 말에 두 손을 모으며 눈물을 글썽였다.

"정말 그렇게 될 수 있을까요?"

"그럼요. 항생제를 많이 복용하면 유익한 균까지 죽여서 면역력이 더 떨어지고, 면역력이 약해지면 비염과 아토피가 더 심해져요. 우리 몸에서 면역의 70~80퍼센트를 담당하고 있는 기관이 바로 장인데, 항생제를 먹으면 장에 있는 유익한 균이 죽고 장의 기능이 떨어지거든요. 이렇게 되면 몸 전체의 면역 기능에도 이상이 생기고요."

"장이 정말 중요하군요."

"장 건강이 곧 나의 건강! 이렇게 말해도 틀린 말이 아닐 정도예요. 자, 그럼 빨리 떠나 볼까요?"

"떠나요? 어디로요?"

눈이 솔방울처럼 커진 엄마가 엉덩이를 들썩이며 물었다. 건 강원정대의 세 번째 탐험이 시작되려는 듯했다.

"박건, 엄마 안 계셔?"

강이가 발끝으로 살금살금 걸으며 먼저 집에 들어온 건이에게 물었다.

"안 계셔. 빨리 와!"

이 방 저 방을 둘러보던 건이가 주방으로 나오며 빠르게 말했다. 건이의 말이 끝나자마자 쌍둥이는 책가방을 거실 아무 데나 획 벗어 던지고 일사분란하게 움직였다.

"박강, 넌 냄비에 물부터 끓여."

건이가 서랍장에서 컵라면을 꺼내며 재촉했다.

"바보야, 전자레인지에 돌리면 되지 왜 물을 끓여. 물 끓이다가 엄마 오시겠다."

쌍둥이는 바람처럼 빠르게 컵라면 비닐을 벗기고 스프를 뿌리고 물을 부었다. 그러고는 전자레인지에 컵라면을 넣고 3분을 입력했다. 전자레인지가 '위잉' 소리를 내며 돌아갔다. 오늘따라 전자레인지가 너무 늦게 작동했다. 쌍둥이는 제발 컵라면을 다 먹기 전에 엄마가 오지 않기를 마음속으로 빌고 또 빌었다.

"야, 박강. 근데 너 다이어트한다고 하지 않았나?"

건이가 배시시 웃으며 강이를 놀렸다.

"몰라. 다 포기했어. 건강원정대인가 뭔가 거기 탐험하고 왔더니 먹고 싶은 음식만 더 많아졌어."

건이가 '크크크' 웃으며 강이의 등을 토닥토닥 두드렸다.

"장하다, 내 동생. 먹는 게 남는 거라는 말 명심해라."

건이의 말에 강이가 피식 웃었다. 그때 전자레인지가 '땡!' 하고 신호음을 울렸다. 쌍둥이는 신이 나서 전자레인지를 열었다.

'펑!'

하지만 컵라면은 온데간데없고 구름 같은 연기만 뭉게뭉게 피어올랐다.

"이게 뭐야! 내 라면, 우리 라면 어디 갔어?"

강이가 소리를 지르며 전자레인지에 머리를 들이밀며 눈동자를 굴렸다. 그때 커다란 블랙홀이 전자레인지를 집어삼키며 나타났다.

"으악, 또 블랙홀이다! 빨리 도망쳐!"

건이가 강이의 손을 덥석 잡았다. 하지만 이미 늦었다. 블랙홀은 점점 더 커지며 쌍둥이를 금세 집어삼켰다.

# 3
## 살아 있는 진짜 음식을 먹어야 하는 이유

# 채소 과일식이 뭐야?

# 장에서 대체 무슨 일이 일어나고 있는 거야?

눈을 떠 보니 주위는 온통 캄캄하고 불빛이라곤 없었다. 꼭 거대한 동굴에 들어온 것 같았다. 쌍둥이는 눈을 찌푸리며 주위를 둘러보았다. 그때 저 멀리서 머리부터 발끝까지 주황색 옷을 차려입은 도사님과 아침에 보았던 엄마의 모습이 보였다. 쌍둥이는 이번 탐험은 무엇일지 조금은 호기심이 생겼다. 그렇게 또다시 건강원정대의 탐험이 시작되었다.

"얘들아, 안녕! 다시 만나니 반갑구나. 표정을 보니 너희도 도사님이 보고 싶었던 것 같은데?"

힘이 하나도 없는 강이가 망했다는 표정으로 어깨를 늘어뜨리며 허공을 응시했다.

"그런데 그 이상한 옷은 또 뭐예요?"

건이가 도사님의 옷차림을 보며 물었다.

"영화배우 같지? 이번에는 내가 제일 좋아하는 당근 컬러!"

"저번엔 포도가 제일 좋다고 하셨잖아요."

도사님의 말이 끝나자마자 건이가 대뜸 말했다.

"아, 그랬나? 좋아하는 채소와 과일이 너무 많아!"

"포도, 당근 다 맛없는 것만 좋아하시네요."

강이가 뾰로통하게 대꾸했다.

"신나는 탐험의 시작이니까 삐치기 금지! 짜증 내기 금지!"

도사님이 손으로 큰 X자를 만들며 말했다. 쌍둥이는 더는 어쩔 수 없다는 표정을 지었다.

"근데 여긴 어디예요?"

강이가 자포자기한 표정으로 물었다.

"이번에도 대단한 탐험이 될 거야. 여긴 바로 바로, 우리의 몸속이란다."

"네? 몸속이요? 으아악, 징그러!"

쌍둥이가 소리를 지르며 한 발자국 물러섰다. 하지만 엄마의 눈은 반짝반짝 빛났다.

"오, 살면서 이런 경험을 해 보다니, 정말 대단하다!"

"자, 건강원정대 출발합니다!"

도사님이 앞장서서 걷기 시작했다. 쌍둥이와 엄마도 혹시 도사님을 놓칠세라 도사님 등 뒤에 바짝 붙어 걸었다.

"도사님, 여긴 대체 어딘데 이렇게 길어요? 가도 가도 끝이 없어요."

"구불구불한 호스 같은 게 끝도 없이 이어져 있어."

쌍둥이가 저마다 한마디씩 했다.

"우리의 장 속이란다."

도사님의 말이 떨어지자마자 쌍둥이들이 오만상을 찌푸렸다. 장 속은 미끌미끌하고 축축했다. 잘못하다간 미끄러질 정도였다.

　네 사람은 천천히 조심조심 걸었다. 걷다 보니 쌍둥이는 신기하다는 생각이 들었다. 아무리 가도 끝이 없이 길어서 놀랐고, 그 안에 여러 가지 음식물이 마구 섞여 있어서 또 한 번 놀랐다.
　"건강원정대 여러분, 여기서 퀴즈! 사람의 입에서 항문까지 연결된 장의 길이는 얼마나 될까요?"

"글쎄요, 사람 키가 있으니까 한 2미터 될까요?"

건이의 대답에 도사님이 고개를 가로저었다.

"천만에! 인간의 장 길이는 10미터란다."

"헉, 정말요? 그 긴 장이 어떻게 사람 몸속에 있는 거죠?"

강이가 화들짝 놀라 물었다.

"참 신기하지? 그런데 그렇게 기다란 장이 쓰레기로 꽉 막히면 어떻게 될까?"

"으악, 상상만 해도 끔찍해요! 쓰레기들이 썩겠죠."

강이가 몸서리를 치며 말했다.

"맞았어! 우리 몸에서 가장 길게 뚫려 있는 곳이 바로 입에서 항문까지거든. 이 관을 자세히 봐. 길게 뚫려 있는 게 보이지? 항문까지 가는 동안 막혀 있는 곳은 한 군데도 없어. 입으로 들어온 음식물이 식도-위-소장-대장-항문을 거쳐서 밖으로 배설돼야 하기 때문에 이 기관이 이렇게 뚫려 있는 거야. 이걸 옆으로 길게 펼치면 무려 10미터, 그러니까 건물 3층 정도의 길이가 되는 거지."

아이들은 주위를 둘러보며 입을 다물지 못했다. 그때 장이 꿀럭꿀럭 움직이기 시작했다.

"도사님, 갑자기 뭔가 들어오고 있어요!"

깜짝 놀란 엄마가 소리를 질렀다.

"으아악! 저게 뭐예요, 도사님?"

쌍둥이가 머리를 손으로 감싸며 비명을 질렀다.

"워워, 우리 건강원정대들 진정하세요. 저건 이 몸의 주인이 섭취한 음식물입니다."

위에 들어온 음식물은 밀가루로 만든 빵이었다. 곧 이어서 시커먼 액체가 콸콸 들어왔다. 아메리카노였다.

"몸 주인이 지금 아침을 먹고 있군요."

도사님이 손목시계를 바라보며 말했다. 그 뒤로도 음식물은 쉬지 않고 쏟아졌다. 그때마다 도사님은 축구 중계하듯 상황을 중계했다. 점심으로 자장면과 탕수육, 후식으로 아이스아메리카노, 간식으로 떡볶이, 저녁으로 밥과 육개장, 후식으로 과일까지 정신을 못 차릴 정도로 음식이 쏟아져 들어왔다. 그 외에도 자잘한 과자와 음료도 계속 쏟아졌다. 건강원정대는 음식물을 요리조리 피하느라 바빴다.

"와, 누군지는 모르겠지만 진짜 너무 많이 먹네요."

"어떻게 하루 종일 음식물이 들어오죠?"

쌍둥이가 번갈아가며 혀를 내둘렀다. 엄마도 고개를 절레절레 저으며 덧붙였다.

"먹는 양도 많은데 밀가루랑 설탕이 너무 많아요. 우리 식구랑 식습관이 비슷해요."

"어머님, 역시 날카로우십니다. 메뉴가 좀 익숙하죠?"

"그러게요, 어디서 많이 본 것 같은데…."

엄마가 골똘히 생각에 잠겼다.

"이 몸의 주인은 건이 강이의 아버님입니다."

도사님이 눈을 찡긋하며 정답을 말해 주었다.

"오 마이 갓! 우리 아빠라고요?"

놀란 쌍둥이는 입을 쩌억 벌린 채 말을 잇지 못했다.

"엄마, 아빠는 왜 이렇게 많이 드시는 거예요?"

강이가 엄마에게 따지듯 말했다. 그러자 엄마가 눈을 가늘게 뜨고 대답했다.

"과연 아빠만 이렇게 많이 먹을까? 너희는 느끼는 게 없어?"

"우리도 먹는 걸 좋아하긴 하지만…."

건이가 쭈뼛거리면서 대답했다. 이 모습을 보던 도사님이 말했다.

"오늘의 상식! 너희, 식구가 무슨 뜻인지 아니? 밥 식(食)에 입 구(口), 그러니까 밥을 같이 먹는 입이라는 뜻이야. 그래서 식구끼리는 체형도 닮는 경우가 참 많지. 음식 먹는 습관과 문화를 공유하니까."

"저희 아빠를 보셨어요?"

"직접 보지 않고 장 상태만 봐도 아버님이 내장 비만인 걸 알

수 있단다."

"우아, 족집게 도사님이다!"

"너희 아빠처럼 여러 가지 음식물을 너무 자주 많이 먹고 밀가루 같은 정제된 탄수화물을 좋아하면 어떻게 될까?"

쌍둥이가 잠시 생각에 잠겼다가 대답했다.

"음식물이 밖으로 다 나가지 못하고 쌓이겠죠."

장을 둘러보며 강이가 대답했다.

"맞아요. 저기에 벌써 찌꺼기들이 쌓여 있어요! 어휴, 냄새. 냄새가 너무 심해서 가까이 못 가겠어요, 도사님."

건이가 코를 감싸 쥐며 말했다. 쌍둥이의 말대로 아빠의 장에 들어온 음식물은 몸 밖으로 다 빠져나가지 못하고 일부는 장에 그대로 쌓여 악취를 풍겼다. 여러 가지 쓰레기와 오물을 마구 버린 쓰레기장에서 쓰레기가 썩고 있는 것이나 다름없었다.

"저 쓰레기를 보니 제 몸이 아픈 것 같아요. 저렇게 쓰레기가 많이 쌓이다 보면 병에 걸리는 거죠?"

엄마가 걱정스러운 얼굴로 질문했다. 엄마의 생각이 옳았다. 몸속에 쌓인 찌꺼기와 노폐물은 질병의 원인이 된다. 도사님이 엄마에게 메모지를 건네며 말했다.

"아버님 건강이 걱정되면 지금 당장 이렇게 메시지를 보내세요. 내일 먹을 음식과 먹는 방법입니다."

"장 속에서 메시지를 보낼 수 있나요?"

엄마의 눈이 또다시 왕방울만큼 커졌다.

"제가 누굽니까. 세계 유일의 음식 도사 아닌가요. 제가 도술을 부려서 전송할 테니까 어서 메시지 전송 버튼을 누르세요!"

엄마는 도사님이 시키는 대로 휴대전화에 메시지를 재빨리 입력했다.

# 장아, 정말 미안해

그렇게 얼마가 지났을까? 갑자기 깨끗한 물 한 컵이 장으로 쏟아져 들어왔다.

"어? 무슨 일이지? 지금 시간을 보니까 아침인데, 웬 물이야? 우리 아빠는 아침마다 아메리카노를 드시는데?"

건이가 믿을 수 없다는 듯 말했다. 잠시 뒤에도 맑고 깨끗한 물이 쏟아졌다.

"와, 탄산음료도 안 드시나 봐. 이게 무슨 일이야?"

놀란 건 강이도 마찬가지였다. 그 뒤부터 채소와 과일 샐러드, 과일과 채소로 만든 무침가 주스가 쏟아졌다. 도사님은 신이 나서 장에 들어오는 음식물을 생중계하기 시작했다. 쌍둥이와 엄마도 인간의 몸속에서 벌어지는 다채로운 일을 직접 눈으로 보는 것이 너무나 흥미롭고 신이 났다. 쌍둥이들이 입을 떡 억 벌리고 음식물을 바라보고 있을 때 깨끗한 물, 채소, 과일, 통곡물, 무첨가 주스를 흡수한 몸에서 놀라운 일이 벌어졌다. 대걸레, 빗자루, 양동이를 들고 어디선가 나타난 초록 덩어리들이 장을 청소하기 시작한 것이다. 쓸고 닦고 모두가 청소의 달인이었다. 초록 덩어리들의 활약으로 장의 색깔이 분홍빛으로 반짝반짝 빛나기 시작했다. 쌍둥이는 초록 덩어리들이 귀엽기도 하고 신기하기도 해서 눈을 뗄 수 없었다.

"와아, 도사님, 저 먼지 뭉치 같은 것들은 뭐죠?"

쌍둥이가 초록 덩어리들을 손가락으로 가리키며 신이 나서 큰 소리로 물었다.

"내가 가장 좋아하는 친구들이란다."

"도사님은 왜 이렇게 좋아하는 게 많으세요?"

"하하하, 맞아. 나는 사랑의 도사! 나는 저 초록 덩어리들을 요정이라 부르지. 저 요정들은 우리 몸에 꼭 필요한 고마운 친구들, 바로 효소란다."

"효소요? 갑자기 어디서 나타난 거예요?"

"오늘 아빠가 과일과 채소를 드셨지? 그 안에 있던 효소가 장에서 활동하기 시작하는 거야. 이제부터 진짜 최고의 볼거리가 펼쳐질 테니 집중해서 보도록!"

효소 요정들은 장 속 찌꺼기를 쓸어 내고 몸을 굴려 깨끗하게 닦고 양동이에 담아 온 물을 뿌려 장에 남은 찌꺼기를 말끔하게 씻어 냈다.

"세상에, 쓰레기처럼 쌓였던 찌꺼기가 청소되고 있어!"

쌍둥이는 마치 영화를 보는 것처럼 박수를 치며 초록 요정들의 활약을 지켜보았다. 채소, 과일, 통곡물이 노폐물과 찌꺼기를 장에서 몰아내고 있었다. 악취를 풍기던 노폐물, 찌꺼기가 드디어 항문 밖으로 나가기 시작했다.

"우아, 엄청 큰 똥이에요!"

"으아악, 똥벼락 맞기 전에 얼른 피해!"

냄새나는 똥에 휩쓸린 건강원정대는 빙글빙글 돌아 몸 밖으로 빠져나왔다. 쌍둥이는 몸 밖으로 나오면서 눈으로 보고도 믿을 수 없었던 광경을 떠올렸다.

'아빠 몸에 어떻게 그렇게 많은 찌꺼기와 노폐물이 있을 수 있지?'

'그런 냄새 나는 쓰레기들이 몸 안에 있다니 정말 상상도 못 했어.'

생각해 보면 아빠 몸만 문제가 아니었다. 아빠와 쌍둥이는 주말마다 삼겹살 파티를 벌였다. 같이 야식도 먹고 엄마가 없을 때는 신이 나서 라면을 끓여 먹었던 게 한두 번이 아니었다. 쌍

둥이는 갑자기 걱정이 되기 시작했다.

'설마 내 몸에도 아까 본 찌꺼기가 쌓여 있는 걸까?'

'내 몸이 쓰레기로 가득 차 있다니, 그건 안 돼!'

변비가 심한 건이와 강이는 슬슬 자신들의 몸속이 걱정되기 시작했다.

"그럼 안 되고말고! 너희 몸은 소중하니까!"

도사님이 쌍둥이의 머리를 쓰다듬으며 말했다.

"앗, 또 우리 생각을 엿보셨어요?"

강이가 토라진 듯 말했다. 도사님은 '허허허' 웃은 뒤 말을 이었다.

"얘들아, 우리는 왜 음식을 먹을까?"

쌍둥이가 고개를 갸우뚱했다.

"한마디로 살기 위해서 먹는 거야. 살아가려면 에너지가 필요하니까. 우리가 매일 먹는 음식은 우리 몸을 돌아가게 하는 연료인 셈이지. 또 음식을 먹어서 흡수된 영양분은 다른 장기와 서로 작용해서 세포에 영양분을 보낸단다. 그렇기 때문에 좋은 에너지를 얻기 위해서는 좋은 음식을 먹어야 해. 화학 물질, 정제 소금, 정제 설탕이 들어간 가공식품을 먹으면 좋은 에너지를 얻을 수 없어. 살아 있는 신선한 채소와 과일을 먹어야 몸에 쌓인 독소가 청소되는 거지. 너희들, 젊은 사람들보다 더 건강하고 활기 있게 살아가는 할머니, 할아버지들 본 적 있지? 100살 이상 질병 없이 건강하게 사는 장수 마을 어르신들도 본 적이 있을 거야. 그 비결은 바로 채소와 과일을 끼니처럼 먹고 있기 때문이야."

쌍둥이가 탐험한 아빠의 장 속에는 찌꺼기, 노폐물이 많이 쌓여 있었다. 장에 들어간 음식물이 완전히, 깨끗하게 변으로 배출되지 못하면 우리 몸에는 독소가 쌓인다. 몸에 독소가 쌓여 불편할 때 가장 먼저 나타나는 현상은 식욕이 떨어진다는 점이다.

"우리가 먹은 음식물을 소화시키려면 많은 에너지가 쓰인단다. 하지만 독소가 쌓인 몸은 소화가 되지 않기 때문에 에너지를 회복하기 위해서 식욕을 떨어뜨리지. 몸이 아플 때를 생각해 봐. 밥맛이 없고 밥을 먹어도 무슨 맛인지 잘 모르잖아? 이때 기운을 차리겠다고 밥이나 죽을 억지로 먹는 것보다는 채소와 과일을 먹으면 훨씬 빨리 회복될 수 있어."

"도사님, 애들 아빠 건강은 괜찮은 걸까요?"

도사님 말을 하나라도 놓치지 않겠다는 듯 열심히 듣던 엄마가 걱정스럽게 질문했다.

"역시 잉꼬부부시네요. 걱정 마세요. 제가 아버님 장 속을 샅샅이 살펴봤는데, 아직은 괜찮습니다. 하지만 그런 독소가 계속 쌓이면 큰일 나죠. 사람들은 몸에 병이 생기면 약으로 치료할 수 있다고 생각하지만 약은 독소를 내보내지 못해요. 독소를 깨끗하게 청소해서 배출하는 건 건강한 음식만 할 수 있는 일이에요. 그래서 독소를 청소하기 위해서 채소와 과일 위주로 먹어야 한다고 제가 이토록 강력하게 주장하는 겁니다."

도사님이 주먹 쥔 한쪽 손을 번쩍 들며 말했다.

"도사님, 그럼 만약에 저희가 계속 먹고 싶은 것만 먹으면 어떻게 되나요?"

"계속 살이 찌고 병들어서 죽게 되나요?"

쌍둥이가 잔뜩 겁에 질려 물었다.

"너희들은 어떤 병이 가장 무섭니?"

"음…. 암이요!"

강이가 심각한 표정으로 대답했다.

"세상에서 제일 나쁜 악당 중의 하나지. 사람은 누구나 암을 두려워해. 암에 걸리면 치료가 힘들고 암 때문에 죽는 경우도 많으니까. 그런데 암이라는 녀석은 기본적인 자연 현상 중 하나란다. 그리고 암보다 더 무서운 병이 심장 질환과 뇌혈관 질환이야. 이 두 가지 질병으로 인한 사망자 수를 합하면 암으로 죽는 사람들 수보다 더 많아. 그렇다고 그렇게 겁먹을 필요는 없어. 얼굴 좀 펴자, 하하하."

"그럼 우린 어떻게 해야 해요?"

건이가 불안한 눈빛으로 물었다.

"암과 심장병을 예방하면 된단다. 우리 몸에 건강한 에너지를 돌게 해서 이 병들이 걸리지 않게 하는 거야. 암과 혈관 질환이 생기는 근본적인 원인인 독소를 청소해야 하는 거지."

"채소와 과일이 그 청소를 제일 잘하는 음식이라는 거죠?"

강이가 눈을 반짝이며 물었다.

"맛없다고 무조건 싫어했는데 이제 그러면 안 되겠어."

건이가 다짐하듯 말했다. 도사님은 탐험을 통해 채소와 과일의 중요성을 깨달은 쌍둥이가 기특했다.

"엄마, 이제 아무 음식이나 먹지 않을게요."

"다이어트해서 살도 뺄게요."

건이와 강이의 다짐에 엄마의 눈가에 눈물이 맺혔다.

"정말? 우리 똘똘한 쌍둥이, 이리 와!"

엄마는 쌍둥이를 꼭 안았다. 엄마 품에 안긴 강이가 물었다.

"근데 아빠는 어떡해요? 아빠 건강이 걱정돼요."

"뭘 어떡해. 아빠도 너희랑 세트인데. 이제 아빠도 건강원정대의 일원이야."

도사님은 서로를 꼭 안은 엄마와 쌍둥이를 바라보며 흐뭇하게 웃었다. 눈물이 날 뻔했지만 다행히 참을 수 있었다.

## 잠깐! 건강 상식

### 장 건강이 왜 그렇게 중요할까?

배가 아픈 경험은 누구나 있을 거예요. 보통 통증이 느껴지는 곳 안쪽에는 꼬불꼬불하고 기다란 장이 있답니다.

인간의 몸을 이루고 있는 장기 중 대장님처럼 명령을 내리는 중요한 곳이 뇌인데, 장은 제2의 뇌라고 불릴 만큼 우리 몸을 움직이는 데 필요한 물질인 호르몬이나 중요한 균들이 생겨나고 살고 있는 곳이에요. 특히 우리가 먹은 음식들을 소화하고 흡수하며 변을 통해 밖으로 내보내는 역할을 장이 하고 있는 것이죠. 정말 중요한 역할을 하고 있죠?

그런데 젤리, 초콜릿, 아이스크림, 빵 같은 음식을 많이 먹으면 장이 소화시키는 걸 힘들어 해요. 그래서 배가 아픈 거랍니다. 장이 건강하게 변을 만들 수 있게 하려면 채소와 과일을 충분히 먹어야 한다는 걸 기억하세요!

# 진짜 음식?
# 가짜 음식?

집으로 돌아온 쌍둥이와 엄마는 손발이 척척 맞는 한 팀이 되어 쌍둥이네 식습관 바꾸기 대작전에 돌입했다. 쌍둥이는 예전과는 달리 엄마의 의견을 잘 따라 주었고, 심지어는 자발적으로 냉장고에서 사과나 귤을 꺼내 먹기도 했다. 엄마는 그런 쌍둥이가 너무 대견해서 선물을 줄 생각이었다. 바로 '우주 대스타'라고 불리며 최고의 인기를 자랑하는 판다를 보여 주기로 한 것이다. 엄마와 쌍둥이는 며칠 뒤 판다가 살고 있는 놀이공원을 방문했다. 판다를 본 쌍둥이는 눈이 휘둥그레지며 너무나 즐거워했다.

"와, 정말 대나무를 먹네!"

"당근도 먹어. 난 당근 맛없어서 싫어하는데…."

쌍둥이는 대나무와 당근을 먹는 판다를 넋 놓고 바라보았다.

"근데 판다가 먹는 걸 보니 당근도 맛있어 보여."

"그러게, 정말 맛있게 잘 먹는다. 특별히 맛있는 당근인가?"

"크크, 갑자기 도사님의 깔 맞춤 패션이 생각나."

쌍둥이가 소리 죽여 웃음을 터뜨렸다.

"근데 저렇게 덩치가 큰 판다가 채식만 하고도 건강하다니, 진짜 신기해."

건이가 혼잣말처럼 중얼거렸다. 그 말이 끝나자마자 엄마가 흠흠 헛기침을 하며 나섰다.

"에헴, 애들아, 들어 봐. 엄마가 여기 오기 전에 판다 연구를 좀 했거든. 판다는 채식주의자로 유명하지만 원래 육식동물의 소화기관을 지닌 식육목 동물에 속해. 그런데 여러 세대를 거치면서 여러 가지 환경적인 이유 때문에 대나무를 주식으로 먹도록 진화한 거지. 그래서 육식동물인데도 대나무, 과일, 채소, 특히 사과와 당근을 잘 먹게 된 거야. 어때? 이것만 봐도 채소 과일식만으로도 영양분이 충분히 공급된다는 걸 알 수 있지? 그러니까 우리도 명심해야 돼. 인간은 고기를 불에 구워 먹고 가공식품을 먹게끔 진화된 생명체가 아니라는 걸 말야."

집으로 돌아온 쌍둥이는 갑자기 당근이 먹고 싶어졌다. 지금까지 당근은 거의 먹어 본 적이 없어서 어떤 맛인지도 궁금했다.

"엄마, 우리도 한번 당근 먹어 볼래요."

엄마는 화들짝 놀랐다.

"진짜? 너희들이 당근을?"

쌍둥이는 고개를 끄덕였다. 엄마는 쌍둥이가 말을 바꿀까 봐 서둘러 당근을 먹기 좋게 썰어 주었다.

"흠…."

당근을 씹어 먹는 쌍둥이의 표정이 미묘했다.

"왜? 아직은 아니야?"

엄마가 쌍둥이를 사랑스럽게 바라보며 물었다.

"으음, 그런 것 같아요. 아직은…."

쌍둥이가 입을 우물거리며 얼버무렸다. 엄마는 그런 쌍둥이가 귀여워서 볼 뽀뽀를 해 주고 싶었지만 꾹 참았다.

다음 날 쌍둥이 집에 깜짝 손님이 방문했다. 바로 도사님이었다. 쌍둥이는 집에서 도사님을 만나니 기분이 이상했지만, 너무너무 반가웠다.

"우리 쌍둥이들 이제 건강박사가 됐다는 소문이 있던데! 온 동네에 칭찬이 자자해!"

도사님의 너스레에 쌍둥이가 '푸하하' 웃음을 터뜨렸다.

"저희 또 탐험을 떠나나요?"

건이가 물었다.

"탐험만큼 재밌는 일을 하려고 왔지. 내가 명언 제조기 아니겠니? 그래서 오늘은 너희 집 주방에 명언을 남기러 왔지."

도사님이 식탁 위에 흰 종이와 매직을 놓으며 말했다. 그러고는 의자에 앉아 매직을 손에 들었다. 쌍둥이가 도사님 옆에 바짝 붙어 섰다.

"뭐라고 쓰실 거예요?"

"음식 명언을 써야지."

"저 알아요! 살찌지 말아라?"

강이가 손을 번쩍 들며 외쳤다.

"아니야! 가공식품을 먹지 마라!"

이번엔 건이가 외쳤다.

"자, 과연 어떤 글일까?"

도사님은 백지 위에 궁서체로 글씨를 쓰기 시작했다. 도사님이 종이 위에 쓴 글씨는 "진짜 음식을 먹자!"였다. 쌍둥이가 고개를 갸우뚱했다.

"도사님, 음식은 다 진짜 아닌가요? 장난감도 아닌데 가짜 음식이 있어요?"

건이가 물었다.

"물론 있지. 음식에는 죽은 음식과 살아 있는 음식이 있어. 죽은 음식이 바로 가짜 음식이란다. 죽은 음식은 효소의 역할이 없는 음식이야. 내가 가장 좋아하는 애들이 효소라고 말한 적 있지? 우리 몸이 원활하게 돌아가도록 하는 게 효소인데, 효소는 온도가 42도가 되면 기능을 잃어. 그런데 가공식품은 전부 공장에서 끓이고 열을 가해 만들지. 그러니까 가공식품이 죽은 음식인 거야."

쌍둥이는 진지하게 도사님 얘기를 들었다.

"죽은 음식만 먹으면 결국 병이 날 수밖에 없어."

도사님은 아이슬란드의 국립박물관에 전시된 치즈버거와 감자튀김에 대해 이야기해 주었다.

"아이슬란드 국립박물관에 너희들이 좋아하는 유명한 브랜드의 치즈버거와 감자튀김이 무려 1년 동안 전시된 적이 있단다. 그 햄버거는 2009년에 아이슬란드에서 그 매장이 문을 닫기 직전, 마지막 날 판매한 햄버거였어. 그로부터 3년이 지난 2012년에 그 햄버거를 산 사람의 집 차고에서 우연히 치즈버거와 감자튀김이 발견되었어. 그런데 놀랍게도 전혀 상하지 않았던 거야. 이 햄버거와 감자튀김은 역사적인 유물로 가치가 있다고 판단되었지. 그래서 박물관에 전시가 되었단다.

놀라운 일이지. 이 썩지 않는 햄버거는 사회적으로 큰 관심을 불러일으켰지. 이에 대해 답변을 피하던 햄버거 업체에서는 시간이 지난 후 2020년에 햄버거와 감자튀김에 수분이 없어서 썩지 않는다고 인정을 했단다."

이야기를 들으며 심각해진 쌍둥이의 표정을 보며 도사님이 말을 이었다.

"그런 음식을 우리가 먹고 있는 거야. 너희도 알다시피 호랑이는 멧돼지를 잡아먹고 소는 풀을 먹어. 침팬지는 과일을 먹으며 살도록 진화했고 판다는 육식동물의 소화기관도 갖고 있지만 채식하는 쪽으로 진화했지. 그럼 인간은 어떻게 진화했을까? 확실한 건 썩지 않는 햄버거와 기름에 튀긴 감자를 먹도록 진화한 건 아니라는 거야."

"도사님, 궁금한 게 있어요. 왜 햄버거와 감자튀김에 수분이 없는 거예요?"

강이가 적극적으로 질문을 던졌다.

"오, 점점 학문적인 질문을 하는데? 역시 건강원정대다워. 고기를 불에 구울 때는 벤조피렌이라는 성분이, 감자는 높은 온도에서 가열할 때 아크릴아마이드(Acrylamide)라는 발암물질이 나온단다. 기름에 튀기면 더 많은 독성 물질이 나오지. 내가 치킨과 분식을 먹지 말라고 잔소리하는 것도 그래서야. 불로 가열

되는 순간 음식 속에 있던 효소가 파괴되고 수분은 증발해서 죽은 음식이 되거든. 영양소는 다 파괴된 채 화학조미료로 맛을 내서 혀만 즐겁게 하는 죽은 음식, 가짜 음식이 되는 거지.”

옆에서 듣고 있던 엄마가 말을 이었다.

“도사님, 그러고 보면 모든 동물 중에 인간만 음식에 열을 가하는 것 같아요. 불에 굽고 물에 삶고 기름에 튀기고 화학물질인 첨가제를 넣어서 요리해 먹는 건 오직 인간뿐이네요.”

“역시 예리하십니다. 그래서 조리법이 발달했고 그러면서 우리는 맛있는 걸 많이 먹게 됐죠. 문제는 조리법은 발달했는데 우리 몸은 이런 음식을 소화시키도록 진화되지 않았다는 겁니다. 효소가 없는 음식을 먹으면 인간의 몸 곳곳에 독소가 쌓여요. 독소는 혈액을 타고 온갖 장기에 스며듭니다. 그러면 몸이 위기감을 느끼죠. 앗, 큰일 났다. 빨리 방어를 해야지. 그래서 지방을 쌓아서 독소를 막으려고 해요. 그 결과가 비만이죠.”

“그래서 가공음식을 먹지 말라고 하는 거군요.”

엄마가 크게 깨달음을 얻은 듯 말했다.

“그렇죠! 제철 음식을 챙겨 먹고 채소와 과일 위주로 끼니를 챙겨서 깨끗한 에너지를 몸에 공급하면 몸은 스스로 독소를 청소하고 자연적으로 치유를 해요. 그럼, 여기서 잠깐! 퀴즈 하나 내 볼까?”

쌍둥이가 눈을 반짝이며 도사님에게 바싹 다가섰다.

"인간 몸의 70퍼센트는 이것으로 형성되어 있어. 이게 과연 뭘까?"

강이가 잽싸게 손을 들고 외쳤다.

"정답 정답! 물입니다!"

"딩동댕! 강이는 이제 수분이 많은 음식만 먹어야 해."

도사님의 장난에 건이가 옆에서 '까르르' 웃었다. 도사님은 수분에 관해서 설명하기 시작했다.

"엄마 배 속에서 자라서 나온 아기의 몸은 90퍼센트가 수분으로 이루어져 있어. 점차 자라면서 70퍼센트가 되는 거지. 나이가 들면서 수분 비율은 50퍼센트까지 떨어져. 사람의 몸은 아주 정교한 수력발전소의 축소판이야. 그래서 몸에 가장 좋은 음식은 수분이 많은 자연의 음식이라는 말씀!"

"수분 함량이 높은 음식이라…."

엄마가 잘 모르겠다는 표정으로 혼잣말을 했다.

"모든 영양소가 다 여기에 포함돼요. 탄수화물, 지방, 단백질을 기본으로 비타민, 미네랄, 효소 등 모두 수분이 풍부하죠. 수분은 영양분을 세포에 전달하는 역할을 하고, 동시에 노폐물을 제거하는 해독 작용에 있어 가장 중요한 물질이에요. 그래서 물을 많이 마시라고 권하는 거죠."

"수분 함량이 높은 음식에는 뭐가 있어요?"

강이의 질문에 도사님이 자신의 머리를 톡톡 치며 말했다.

"기억해 봐. 도사님이 매일 잔소리하는 거 있잖아. 바로 그 음식!"

"아, 채소와 과일!"

쌍둥이가 동시에 외쳤다.

"그렇지. 그 외의 음식은 모두 가공되거나 요리하면서 수분이 제거된 거야. 다시 한번 외쳐 볼까? 진짜 음식은 뭐다?"

"채소와 과일이다!"

건강원정대가 큰 소리로 합창했다. 도사님이 뿌듯한 표정으로 엄지손가락을 치켜세웠다.

"도사님, 아까 효소가 없는 음식이 죽음 음식이자 가짜 음식이라고 하셨잖아요. 그러면 반대로 살아 있는 음식, 진짜 음식에는 효소도 살아 있는 건가요?"

강이가 진지하게 물었다.

"채소와 과일은 수분도 있고, 효소도 있는 거네요?"

건이도 적극적으로 나섰다.

"역시 똑똑한 쌍둥이! 바로 그거야! 살아 있는 음식, 진짜 음식에는 수분과 효소가 있단다. 효소는 화학반응을 일으키도록 돕는 역할을 하는 단백질이지. 몸을 움직이기 위해 반드시 필요한 물질이 바로 효소야."

도사님은 눈으로 쉽게 확인할 수 있는 효소가 침이라고 알려 주었다. 효소는 나이가 들수록 줄어든다. 그래서 갓난아기는 맑은 침을 흘리지만, 아픈 노인의 입안은 바싹 말라 있다. 우리 몸에서 효소 작용이 제대로 이루어지지 않으면 가장 먼저 소화불량과 만성피로가 생긴다. 일반 음식은 위장에서 3~4시간을 머무르지만, 과일은 20~30분만 머무른다. 이러한 이유는 과일에는 효소가 있기 때문인 것이다.

"요즘에는 효소를 사 먹는 사람도 있더구나. 그럴 필요 없어. 채소와 과일 위주로 먹으면 돼. 최대한 가열하거나 가공하지 않고 자연 상태 그대로 섭취하면 누구나 좋은 효소를 잔뜩 먹는 거야. 누구나 건강해질 수 있어."

도사님이 설명을 마치고 자신이 쓴 글씨를 들어 보였다.

"캬아, 살아 있는 한석봉이네. 명필이로다."

도사님이 자신의 글씨를 감상하며 자화자찬을 했다. 엄마는 도사님에게 종이를 받아 벽에 붙였다. 네 사람은 벽에 붙인 문구를 뿌듯한 표정으로 바라보았다.

## 잠깐! 건강 상식

**가짜 음식은 이제 그만!**

음식 중에도 진짜가 있고 가짜가 있다는 말에 놀랐죠? 우리 몸에서 효소는 매우 중요한데, 이 효소는 열에 약해서 42도가 넘으면 파괴되기 시작해서 54도부터는 없어지기 시작해요. 그러니 열을 가하지 않고 먹는 음식이 진짜 음식이죠. 여러분이 좋아하는 냉동 피자, 냉동 만두, 떡볶이, 라면 등은 실제 이러한 효소가 하나도 들어 있지 않은 가짜 음식이에요.

가짜 음식을 많이 먹을수록 우리 몸은 그것을 소화시키느라 많은 에너지를 써요. 이것을 몸 밖으로 내보내야 아프지 않은데, 가짜 음식을 먹는 속도가 독소를 내보내는 속도보다 더 빠르고 많아지면 몸이 아프기 시작한답니다.

키가 쑥쑥 크고 싶다면 열을 가하지 않은 진짜 음식, 다시 말해 채소와 과일을 날것 그대로 먹는 습관을 가져 보세요! 이제부터 매일매일 사과 한 개, 당근 한 개 먹기에 도전!

# 텃밭은 신선한 식량 창고

"박강, 누가 오나 잘 봐!"

"알았어, 너나 잘해. 지금 보고 있잖아."

식단 변화로 체중이 줄고 몸이 한결 가벼워진 쌍둥이지만, 새로운 먹거리 앞에서는 지금까지의 다짐이 무너졌다. 그 주범은 바로 탕후루!

"너희 정말 탕후루 한 번도 먹어 본 적 없어? 진짜? 대박 맛있는데!"

"야, 한 번만 먹어 봐. 딱 한 번인데 어때!"

친구들은 탕후루를 먹으러 가자고 자꾸 쌍둥이를 부추겼다. 단단히 마음먹고 식습관을 바꾸고 있는데 탕후루라니, 쌍둥이의 마음도 바람 앞에 갈대처럼 흔들렸다. 몇 번이나 꾹 참았지

만, 쌍둥이는 결국 유혹에 굴복하고 말았다. 학원 앞 탕후루 전문점에 간 쌍둥이는 혹시 엄마를 마주칠까 봐 주위를 두리번거리며 탕후루를 한 개씩 샀다. 건이는 샤인머스캣을, 강이는 딸기를 골랐다.

"와아, 반짝반짝거리는 게 유리알 같아. 진짜 예쁘다."

"너도 먹짱처럼 먹어 봐! 아삭아삭 소리가 나는지."

쌍둥이는 탕후루를 하나씩 들고 잠시 망설였다. 그러다가 에라 모르겠다 하는 심정이 되어 입을 크게 벌렸다. 탕후루를 막 베어 물려는 바로 그때였다.

"건이 강이, 멈춰!"

깜짝 놀라 소리 난 쪽을 돌아보니 자가용을 탄 도사님이 창문 밖으로 손을 내밀고 마구 흔들고 있었다. 운전석에는 엄마가 앉아 있었다.

"너희들, 지금 그 설탕 덩어리를 먹으려는 거야?"

엄마가 핏대를 세우며 목소리를 높였다.

"어머니, 진정하세요. 심호흡을 해 보십시오, 후하, 후하!"

엄마는 도사님을 따라 호흡을 가다듬었다. 쌍둥이는 어정쩡하게 탕후루를 들고 차에 올라탔다. 아이들이 자리에 앉자 도사님이 아이들을 돌아보며 말했다.

"다시 건강원정대 탐험을 해야 하는 건가?"

아이들은 화들짝 놀라며 손을 내저었다.

"악, 아니요! 탕후루 안 먹을게요. 다이어트도 계속 잘할게요. 가짜 음식 안 먹을게요."

"탐험은 싫어요!"

쌍둥이가 극구 거부하자 엄마가 코웃음을 쳤다.

"흥, 반대해 봐야 소용없어. 너희는 벌써 차를 탔잖아. 차에 탄 순간 탐험 시작이야."

쌍둥이는 자포자기한 심정으로 자리에 몸을 깊숙이 묻었다.

"탐험 다녀와서도 탕후루가 먹고 싶으면 그때는 엄마가 탕후루 하나씩 사 줄게. 어때, 괜찮은 제안이지?"

쌍둥이는 마지못해 고개를 끄덕였다. 그러다가 쌍둥이는 어느새 스르르 잠이 들었다. 얼마나 달렸을까? 눈을 떠 보니 미세먼지 가득한 서울과 달리 깨끗한 하늘이 펼쳐졌다. 바람도 시원하고 기분이 좋았다. 한참 동안 좁은 길을 달린 자동차는 파란색 대문이 달린 시골집 앞에 도착했다.

"여긴 누구 집이에요?"

건이의 질문에 도사님이 싱긋 웃으며 대답했다.

"도사님의 식량 창고가 있는 곳이란다. 너희도 마음에 들어 할 거야."

시골집에는 한때 도사님에게 상담받은 환자이자 도사님과 절친한 친구분 가족이 살고 있었다. 도사님 친구네 가족은 논과 밭을 일구어서 직접 기른 농작물을 먹기도 하고 내다 팔기도 하면서 소박하게 생활하고 있었다.

집 안으로 들어서자, 미리 연락받은 가족들이 마당에 나와 있었다. 모두 세 식구였는데 그중에 쌍둥이 또래의 여자 아이가 있었다.

"안녕, 난 이하얀이라고 해."

하얀이의 얼굴은 햇빛에 그을러서 무척이나 건강해 보였다. 이름처럼 어딘지 깨끗하고 맑은 느낌이 드는 아이였다. 같은 반 아이들과는 느낌이 달랐다.

"다들 먼 길 오시느라 고생하셨어요. 저는 이 괴상한 도사님의 절친입니다. 이리 오셔서 모두 차 한 잔 하시죠. 너희들도 이리 오렴."

하얀이 아빠가 말씀하시자 도사님이 헛기침을 했다.

"나 원 참, 괴상한 친구라니!"

도사님이 한마디하자, 하얀이 아빠가 초록색 옷을 세트로 갖춰 입은 도사님의 행색을 훑어보며 말했다.

"요상한 패션은 여전하구만."

"아니, 이 패션이 어때서? 애벌레 같고 귀엽기만 한데."

하얀이 아빠는 도사님의 말을 귓등으로 흘리며 쌍둥이와 엄마를 마당에 있는 커다란 평상 위로 안내했다.

'배고픈데 간식이라도 주시려나?'

쌍둥이는 은근히 기대했다. 서울에서는 친구 집에 가면 케이크, 소금빵, 마카롱, 타르트 같은 인기 있는 디저트를 잔뜩 먹을 수 있으니 이번에도 기대가 되었다.

"여기 우엉차, 도라지차, 국화차 중에서 고르세요."

하얀이 엄마의 말에 쌍둥이는 실망을 했지만 표정을 감추며 하얀이 엄마가 권한 차를 자세히 살펴보았다. 어른들은 모두 차를 하나씩 골랐다. 놀라운 건 하얀이도 도라지차를 골랐다는 점이었다.

"너, 그런 거 마실 수 있어?"

강이가 희한하다는 듯 물었다.

"응, 난 차 좋아해. 너희도 마셔 봐. 나도 처음에는 잘 못 마셨는데 자꾸 마시니까 맛있어."

쌍둥이는 무슨 차를 마실까 고민하다가 둘 다 국화차를 골랐다. 차는 아무 맛이 없었다. 국화향이 조금 날 뿐 밍밍하기만 했다. 하지만 대접받은 차를 남길 수가 없어 쌍둥이는 홀짝 홀짝 차를 마시기 시작했다. 그런데 공기가 좋고 풍경이 좋아서 그랬을까? 점점 차 향이 코를 찌르며 기분이 좋아졌다. 평상 위 반상 위에는 고구마 말랭이와 꿀을 넣고 만든 생강정과가 놓여 있었다.

쌍둥이는 고구마 말랭이를 하나씩 집었다.

'그래도 이건 달콤해서 좋다.'

겉보기에는 맛이 없을 줄 알았는데 입에 넣고 오래 씹으니 은은한 단맛이 올라왔다.

다음 날 아침, 건강원정대와 하얀이 가족은 텃밭으로 갔다. 밭에는 양배추, 당근, 토마토가 싱그럽게 자라고 있었다. 그러고 보니 쌍둥이는 이렇게 밭에서 작물이 자라는 걸 처음 보았다. 서울에서만 나고 자란 쌍둥이는 식물도 공장에서 만들어진다고 생각했다. 그런데 이렇게 직접 흙에 뿌리를 내리고 싱싱하게 자라는 식물들을 보니 어쩐지 '살아 있다'는 느낌이 들었다.

'이게 생명력이라는 건가? 되게 신기하다.'

강이가 건강하게 자라는 식물들과 열매를 보며 생각했다.

'나까지 건강해지는 기분이야.'

건이도 주렁주렁 매달린 토마토를 보며 이런 생각을 했다.

"점심은 밭에서 직접 수확한 채소로 대접하겠습니다."

하얀이 아빠가 토마토 하나를 따면서 말했다.

"좋지, 오랜만에 채소 파티구나!"

도사님은 정말 즐거운 표정이었다. 쌍둥이는 도사님이 저렇게 신난 모습을 처음 보았다. 어른들은 잘 익은 채소와 열매를 따서 수레에 나눠 담았다. 하얀이는 양배추가 담긴 무거운 수레를 혼자 몰았다.

"하얀아, 우리가 도와줄게."

쌍둥이가 나섰다.

"걱정 마. 혼자 할 수 있어. 내가 이래 봐도 힘이 세거든!"

하얀이는 정말 힘이 셌다. 능숙하게 수레를 혼자 몰고 집까지 갔다.

점심 밥상에는 양배추 찜, 당근 샐러드, 보리밥, 시금치나물, 토마토 김치가 올라왔다. 예전의 쌍둥이라면 쳐다보지도 않았을 밥상이지만 도사님 덕분에 채소와 과일에 단련되어 이 정도쯤은 맛있게 먹을 수 있었다.

"와, 진짜 아삭하고 맛있다."

"밭에서 캐서 그런가, 정말 맛있어요!"

도사님이 가르쳐 주었던 진짜 음식, 살아 있는 음식이 입 안 가득 향기로운 맛과 향기를 풍겼다. 하얀이 가족과 건강원정대는 점심을 먹고 마당에서 제기를 차면서 즐거운 시간을 보냈다. 그리고 늦은 오후에 서울로 돌아왔다. 집으로 가기 전, 엄마는 탕후루 가게 앞에 차를 세웠다.

"탕후루 먹을 사람?"

엄마는 약속한 대로 쌍둥이가 원하면 탕후루를 사 줄 생각이었다.

"전 괜찮아요!"

강이가 먼저 대답했다. 건이는 눈치를 보는 중이었다.

"야, 네가 먼저 탕후루 먹어 보자고 했잖아."

조금 아쉬운 건이가 강이를 보며 투덜거렸다.

"그랬는데, 이제 먹기 싫어. 하얀이는 초콜릿도 안 먹는대."

"왜?"

"어릴 때부터 채소, 과일만 먹어서 가공식품은 거의 안 먹고 자랐대. 언젠가 초콜릿을 먹어 봤는데 너무 달아서 뱉었다던데? 나도 이제 너무 단 건 별로야."

강이의 말에 건이도 탕후루를 먹고 싶은 마음이 달아났다.

"그냥 집으로 가요, 엄마."

건이의 말에 엄마가 얼굴 가득 미소를 지으며 말했다. 도사님도 흐뭇한 표정으로 말없이 고개를 끄덕였다.

"정말이야? 후회하지 않겠어?

"아이, 참! 마음 변하기 전에 빨리 가요."

쌍둥이와 엄마를 태운 차는 신나게 집으로 향했다.

# 설탕 폭탄은 저리 가!

"건이야, 편의점 들렀다가 집에 가자!"

지율이는 건이와 같은 반 친구다. 방학하기 전만 해도 둘은 학교를 마치면 항상 편의점에 함께 들르곤 했다.

"건이는 편의점 안 갈걸?"

건이의 절친 준희가 말했다.

"왜? 돈이 없어서?"

"아니, 건이는 편의점 음식 안 먹어."

"그래? 너 또 다이어트해? 오늘만 가자. 내가 과자랑 음료수 사 줄게."

"괜찮아, 너희들끼리 가."

건이가 친구들에게 단호하게 말했다.

"쟤 되게 이상해졌다."

친구들이 숙덕이는 소리가 건이 귀에도 들렸다. 친구들과 군것질을 같이 하지 못하는 건 강이도 마찬가지였다.

"강이야, 우리는 카페 들렀다가 갈게. 넌 어차피 음료 안 마시니까."

쌍둥이는 할 수 없이 집으로 돌아왔다. 그래도 불만은 없었다. 오랜만에 도사님이 집으로 오기로 한 날이라 이것저것 물어보고 싶은 게 많았다.

"도사님, 요즘 제가 좀 이상해요."

건이의 말에 도사님이 깜짝 놀라 되물었다.

"그럼 치과에 가 봐야 하는 거 아냐?"

도사님의 아재 개그에 쌍둥이가 썩은 미소를 지었다. 엄마만 '큭큭' 웃었다. 건이가 웃음 한 조각 없이 말을 이었다.

"친구들과 군것질을 같이 하고 싶기도 한데, 이제 제가 변한 것 같아요. 단 음식도 싫고 가공식품도 먹기 싫어요. 그런 걸 먹으면 소화가 잘 안 되고 몸이 무겁고 건강이 안 좋아지는 것 같거든요. 몸에 나쁜 짓을 하는 것 같아요."

강이도 맞장구를 치며 이야기를 이었다.

"저도 그래요. 친구들은 다 단 음식을 좋아하는데 전 이제 별로예요. 제가 이상한 애가 된 걸까요? 저 혼자만 건강식을 좋아하니까 별종이 된 것 같기도 하고 아무튼 평범하진 않은 것 같아요."

도사님과 엄마는 흐뭇하게 쌍둥이를 바라보았다. 특히 엄마는 너무나 행복해 보였다.

"얘들아~."

도사님이 눈에 사랑을 듬뿍 담아 쌍둥이를 불렀다.

"너흰 정말 잘하고 있어. 도사님이 뽀뽀해 주고 싶을 정도야. 진짜 훌륭해!"

"으엑, 그건 사양할게요, 도사님!"

강이가 손사래를 치며 몸을 뒤로 젖혔다.

"너희들이 단 음식을 멀리 하게 됐다니 그것만큼 기쁜 소식도 없구나. 사실 설탕은 독이야."

도사님의 말이 끝나기가 무섭게 건이가 대꾸했다.

"도사님, 전에는 육가공품이 독이라면서요!"

"둘 다 독이야. 과장이 아니라니까! 그걸 먹는다고 해서 당장 위험한 건 아니니까 조금 안전한 독극물이라고 할까? 설탕을 먹으면 우리 몸은 이것을 일단 중화시키려고 노력하지. 그 과정에서 특히 뼈에서 칼슘을 뽑아 쓴단다. 뼈에서 자꾸 칼슘을 뽑아 쓰다가 칼슘이 부족해지면 어떻게 될까? 관절에 염증이 생기는 관절염에 걸리지. 치아도 영향을 받아. 그곳에서도 칼슘을 뽑아 내기 때문에 치아가 하나씩 썩기 시작하는 거야."

"으악, 다른 건 몰라도 치과 가는 건 정말 싫어요!"

강이가 몸을 부들부들 떨면서 말했다. 옆에 있던 엄마도 한마디 거들었다.

"저도 인터넷 뉴스로 봤는데 요즘은 관절염과 충치로 고생하는 십대도 상당히 많대요. 설탕이 듬뿍 들어간 사탕, 빵, 과자, 탄산음료를 계속 먹으면 치주염, 골다공증, 당뇨병이 일찍부터 온다고 하던데요."

"그럼 탕후루도 독이겠네요?"

강이가 물었다.

"탕후루를 즐겨 먹는 아이들이 모르는 사실이 하나 있어. 탕후루는 설탕 때문에 몸에 해롭기도 하지만 과일의 가치도 손상시키지. 과일에 설탕을 듬뿍 묻혀서 먹으니까 과일이 더 맛있다고 하는데 천만의 말씀! 과일에 설탕이 더해지면 소화되면서 화학 반응이 완전히 바뀌거든. 몸에서 과도한 산을 만들게 돼."

"헐, 그렇게 해로운 설탕을 친구들이 엄청 많이 먹고 있는 거네요."

건이가 흥분해서 말했다.

"친구들도 설탕을 못 먹게 하는 방법이 없을까요?"

강이가 도사님에게 물었다. 도사님이 어깨를 으쓱하며 안타까운 표정으로 말했다.

"그래서 내가 이렇게 사방팔방으로 뛰어다니면서 도술을 부리는 건데 아직도 갈 길이 멀어. 억지로 못 먹게 할 수는 없잖아. 스스로 경험하고 깨닫는 수밖에 없어. 우리 몸이 가장 원하는 당의 형태는 천연 과당이야. 천연 과당은 어디에 많다? 그렇지. 과일에 넘치도록 많이 포함되어 있어. 과당은 소화하는 데 힘들일 필요가 거의 없고 먹는 즉시 에너지로 전환돼서 힘이 난단다. 반대로 정제된 설탕 같은 당은 비만과 질병만 부르지."

쌍둥이와 엄마가 고개를 끄덕이며 진지하게 귀를 기울였다.

"설탕을 먹거나 설탕이 들어간 음료수를 마시면 췌장이 엄청 고생해. 췌장은 제2의 위라 불리는 장기인데, 십이지장에 붙어서 인슐린이라는 호르몬을 분비하지. 그 인슐린이 몸에 들어온 당을 조정하는 역할을 하는데 일을 너무 과하게 하다 보면 췌장도 탈이 날 수밖에 없어"

한 시간씩 대화를 나누느라 도사님과 쌍둥이는 목이 말랐다. 엄마는 깨끗한 물과 사과를 깎아서 내왔다.

"오늘따라 사과가 진짜 맛있다!"

강이가 사과를 한 입 베어 물며 말했다.

"그래, 이 단맛이 제일 좋아!"

건이도 아삭아삭한 사과를 씹으며 동의했다.

이제 쌍둥이는 사과나 포도처럼 달콤한 과일은 물론, 당근과 양파를 먹으면서도 자연스러운 단맛을 느꼈다. 쌍둥이는 친구들도 설탕 대신 자연스러운 천연당을 먹으면 좋겠다고 생각했다. 마음 같아선 천연당 홍보대사라도 되고 싶었다.

### 잠깐! 건강 상식

**인공감미료는 왜 나쁠까?**

치아가 아파서 치과에 가면 치과 쌤이 이렇게 말하죠?
"사탕이나 초콜릿, 콜라 먹지 마세요."
바로 이런 음식 안에 듬뿍 들어 있는 설탕 때문인데요. 인간은 원래 단맛을 좋아합니다. 그래서 과일을 많이 먹고 살아왔던 거죠. 그런데 식품 산업이 거대해지면서 설탕이 잔뜩 든 가짜 단맛이 진짜 단맛의 설 자리를 빼앗기 시작했어요. 그래도 요즘엔 많은 사람들이 설탕이 몸에 나쁘다는 걸 알게 돼서 다행이에요. 하지만 제로 콜라 역시 좋지 않습니다.

설탕보다 단맛이 200배나 높은 화학첨가제를 인공감미료라고 하는데요. 다른 말로는 MSG라고 불려요. 대표적으로 라면 스프나 치킨의 양념소스가 바로 인공감미료죠. 이 인공감미료는 계속 먹게 만드는 중독성을 갖고 있어요. 아이스크림, 과자, 빵 등 모든 가공식품에 들어간답니다.

설탕보다 값은 싸면서 단맛은 더 강하니 음식을 만들어 파는 회사 입장에서는 정말 좋겠죠? 하지만 건강에는 더 안 좋은 게 바로 이 인공감미료입니다. 인간이 원래 좋아했던 천연 단맛인 과일과 친해져야 하는 이유가 바로 여기에 있습니다. 초콜릿, 사탕, 젤리 대신 바나나, 포도, 망고, 수박 등 달달한 과일을 먹어 보세요. 습관이 되면 가짜 단맛은 맛이 없어서 못 먹게 될 거예요. 그리고 덤으로 날씬하고 건강한 몸도 얻게 된답니다.

# 4
## 효과 만점 평생 가는 건강 습관

# 까주스 더 주세요!

# CCA 주스 더 없어요?

"도사님, 건강에 좋은 음료는 없을까요?"

어느 날, 도사님 연구실에 인사차 찾아온 엄마가 도사님과 인사를 나눈 뒤 대뜸 물었다.

"왜요? 쌍둥이가 참지 못하고 콜라를 마셨나요?"

도사님이 조마조마한 표정으로 물었다.

"아뇨! 아마 먹으라고 해도 안 먹을걸요. 그런 건 아닌데, 물만 먹고 살 수는 없잖아요. 가끔 달달하고 맛있는 음료를 먹고 싶은데 건강에 좋은 음료는 없을까 해서요."

도사님이 엄마의 질문에 1초의 망설임도 없이 답했다.

"무조건 뭐다? 과일과 채소다!"

"과일 채소 주스요?"

"네, 생각보다 만드는 법도 쉬워요. 대신 물 이외에는 어떤 것도 넣으면 안 되죠. 마트에서 파는 주스에는 설탕과 화학물질이 들어가서 문제니까요."

주스에 설탕과 화학물질을 넣는 이유는 맛을 좋게 하고 유통기한을 늘리기 위해서다.

"마트에서 파는 주스는 공장 주스예요. 아무리 과일 주스라고 해도요. 많은 사람들이 과일에는 당이 많아서 주스로 마시면 당 수치가 올라간다고 알고 있잖아요. 공장 주스를 마시면 그렇게 되죠. 설탕과 화학물질이 많이 들어가 있으니까요. 하지만 집에서 직접 만든 무첨가 주스는 혈당을 올리지 않아요."

엄마도 갈아 마시는 건 무조건 좋지 않다고 알고 있었는데 도사님의 말에 깜짝 놀랐다.

"저는 과일 채소 주스를 매일 마셔요. 제가 주스만 10년을 갈아먹은 주스계의 달인인데, 여러 가지 조합을 다 해 본 결과! 가장 몸에 좋은 최고의 조합을 알아냈습니다. 일명 CCA 주스!"

"CCA 주스요?"

엄마는 흥미가 당겨 귀를 쫑긋 세웠다.

"이게 바로 저의 건강 비결입니다. 저희 가족과 주변 사람들에게도 마셔 보라고 권했는데 만들어서 마셔 본 사람들은 다들 저에게 쌍따봉을 보내 줬어요. 과연 어떤 조합일까요?"

엄마가 눈을 반짝이며 귀를 기울였다.

"당근, 양배추, 사과 순으로 착즙해서 만들면 됩니다. 차암 쉽죠?"

"그런데 왜 CCA 주스라고 이름을 붙이셨어요?"

"예전에 ABC 주스가 유행한 적이 있어요. 사과(Apple), 비트(Beet), 당근(Carrot)의 첫 글자를 따서 만든 게 ABC 주스인데, 마찬가지로 CCA 주스는 당근(Carrot), 양배추(Cabbage), 사과(Apple)의 첫 글자를 따서 붙인 이름이죠. 하지만 꼭 CCA 주스를 마셔야 하는 건 아니에요. 어떤 첨가물도 넣지 않은 살아 있는 채소와 과일 주스면 무조건 대환영이에요. 레몬수도 환영하고 사과, 당근 주스도 환영하고 ABC 주스도 대환영!"

엄마가 기억하려는 듯 입속으로 당근, 양배추, 사과를 중얼거리더니 갑자기 물었다.

"도사님이 가장 좋아하시는 채소랑 과일은 뭔지 궁금해요."

"저는 당근, 양배추, 사과를 제일 좋아합니다. 특히 사과는 최애죠."

"사과가 그렇게 좋은 음식인가요?"

"음식에도 궁합이 있거든요. 딱 어울리는 짝이 있어요. 그래서 홍어와 돼지고기를 묵은지에 싸서 먹는 홍어 삼합이 있는 것이고, 고구마와 동치미를 같이 먹는 것이죠. 저도 생수에 레몬즙

을 넣은 레몬수를 마셨고 사과와 당근을 갈아서 만든 주스도 꾸준히 마셨어요. 그런데 어느 날 이런 생각이 들더라고요. '꼭 남들이 하는 대로 먹어야 하나? 나만의 독특한 레시피는 없을까?' 그때부터 주말마다 각종 과일과 채소를 섞은 무첨가 주스를 만들어 보기 시작했어요. 오이와 당근을 넣거나 샐러리와 사과를 섞어 보기도 했죠. 최고의 조합을 찾는 것도 쉽지 않더라고요. 이걸 넣으니 맛이 쓰고 저걸 넣으니 밋밋하고 이것저것 섞으니 별로 맛이 없고…."

엄마는 고개를 끄덕이거나 "아, 그랬군요." "어머나, 세상에." 같은 추임새를 넣으면 도사님 말을 몰입해서 들었다.

"맛도 중요하지만 주스 재료는 사시사철 아무 때나 먹을 수 있어야 해요. 그래야 쉽게 주스를 만들 수 있으니까요. 사과와 당근은 쉽게 상하지 않고 마트에서 아무 때나 구할 수 있죠. 농사 기술이 발달하긴 했어도 여전히 딸기나 수박, 참외 같은 과일은 제철에 많이 먹잖아요. 미나리나 쑥 같은 채소류도 그렇고요. 그래서 평소 간식으로 즐겨 먹는 사과와 당근, 양배추를 떠올렸어요. 양배추 하나만 착즙하면 쓴맛만 나요. 그래서 단맛이 있는 당근과 사과를 넣어 준 거죠. 근데 재료만 결정한다고 끝나는 건 아니에요."

"뭐가 또 중요한가요?"

엄마가 의자를 끌어당기며 물었다.

"비율이 중요하죠. 제가 찾아낸 황금비율을 특별히 알려드릴게요. 당근 1개에 양배추 4분의 1개, 그리고 사과 2개. 이 비율로 착즙했을 때 가장 맛이 좋습니다. 아이들의 경우 양배추가 맵게 느껴진다고 하면 처음에는 100그램 정도로 시작해서 점차 양을 늘려가면 됩니다."

엄마는 휴대전화에 도사님 말을 톡톡톡 받아 적었다.

"CCA 주스는 맛도 훌륭하지만 아침 식사로 전혀 부족함이 없어요. 간편하면서 속이 든든하거든요. 저도 아침마다 CCA 주스를 마시는데 점심시간까지 속이 든든합니다."

쌍둥이는 아침으로 시리얼을 즐겨 먹었다. 초코맛, 그래놀라, 과일맛 시리얼을 종류별로 사두고 우유와 함께 먹었다. 달콤하고 고소하고 바삭한 데다 우유와 함께 먹으니 술술 잘 넘어가기도 했다. 아침뿐만 아니라 점심, 오후, 심지어 야식으로도 배고프면 시리얼을 먹었다.

하지만 도사님은 이 시리얼 먹는 습관을 고쳐야 한다고 말했다. 시리얼은 유전자 변형 밀로 만든 데다 그 안에는 설탕, 화학 첨가제가 가득하기 때문이다. 특히 강이처럼 아토피가 있는 아이들에게 시리얼은 아토피 피부염을 악화시킨다. 시리얼이 좋은 아침 식사가 아니라는 건 엄마도 알고 있었지만, 그래도 공부하는 아이들에게 아침부터 주스만 먹이는 건 아무래도 부족해 보였다. 그래서 엄마는 조심스럽게 도사님께 다시 물었다.

"도사님, 공부하는 아이들인데 아침을 든든하게 먹어야 하지 않을까요? 탄수화물을 먹어야 두뇌 회전이 잘 된다는 연구 결과도 있잖아요."

"바로 그 든든함이 문제입니다! 야식이 몸에 좋지 않다는 건 많은 사람들이 잘 알고 있는데 아침을 먹는 습관이 몸을 무겁게 한다는 건 사람들이 잘 모르더군요. 어머니 말씀처럼 뇌를 쓰는 학생들은 탄수화물을 섭취해야 한다는 게 상식처럼 알려져 있는데, 아침부터 식사를 무겁게 하면 오히려 뇌로 가야 할 에너지가 소화시키는 데 사용돼서 뇌가 게을러져요. 그리고 건이와 강이처럼 다이어트를 하고 있다면 7시간 이상의 수면 시간을 꼭 지키고, 12시간 공복 상태를 유지하면 좋습니다. 12시간 동안 위를 비워 두는 거죠. 그래야 건강한 몸이 됩니다. 원래 인간의 몸은 7시간 수면, 12시간 공복을 유지하도록 설계되어 있어요. 그런데 음식 산업이 크게 발전하면서 시도 때도 없이 음식을 먹어도 되는 분위기가 만들어졌고, 그 결과 자기 직전까지 음식을 먹는 야식 문화가 생겨난 거죠."

엄마가 한숨을 내쉬며 공감했다.

"맞아요. 요즘 텔레비전을 틀면 다 먹방이에요. 아침부터 삼겹살을 구워 먹고 라면이나 파스타, 피자 먹는 장면이 너무 많이, 너무 자주 나와요."

"그냥 보는 걸로 만족하는 시청자는 많지 않을 거예요. 따라 먹게 되고 왠지 그렇게 먹어도 될 것 같은 생각까지 하니 걱정입니다. 건강을 생각한다면 따라 하면 안 되죠. 인간의 몸은 그렇게 많은 음식을 먹도록 설계되지 않았어요. 아침부터 과도한 탄수화물과 단백질을 섭취하기보다 차라리 아무것도 먹지 않는 것이 몸에 좋아요."

도사님이 힘주어서 말했다.

"특히 다이어트하는 사람은 독소 배출을 잘하기 위해 아침은 안 먹는 게 좋죠. 먹더라도 채소와 과일로 가볍게 먹어야 해요. 어머님도 명심!"

엄마는 다음 날 아침부터 당장 CCA 주스를 만들어 식구들에게 건넸다. 처음에는 울상을 짓던 식구들도 하루 이틀 꾸준히 먹으면서 CCA 주스를 찾는 마니아가 되었다. CCA 주스를 아침 대용으로 마시니 아침 시간도 여유로워지고 몸도 가벼워 기분까지 상쾌해졌다고 쌍둥이와 아빠는 침을 튀기며 CCA 주스의 좋은 점을 열거했다.

"엄마, 빨리 까 주스 주세요."

"까 주스?"

"CCA니까 까! 저희는 그렇게 불러요."

"까먹지 마시고 내일도 까 주스 꼭 만들어 주세요."

아빠가 아재 개그를 하며 엄마에게 신신당부를 했다. 어느새 쌍둥이와 아빠가 엄마보다 먼저 CCA 주스를 더 챙기기 시작했다.

# 7 대 3의 법칙을 지켜라

주말이면 쌍둥이는 집에서 영어 애니메이션을 보면서 영어 공부를 한다. 쌍둥이가 가장 좋아하는 시간이다. 그날도 쌍둥이는 영화를 보고 있었는데, 영화 속 주인공과 그 친구들이 말했다.

"정크 푸드 그만 먹어야 해(We need to stop eating junk food)."

그 대사가 나오자 강이가 혼잣말을 중얼거렸다.

"그렇지. 정크 푸드는 몸에 나쁘지."

그러자 건이가 옆에서 거들었다.

"영어의 정크(junk)는 쓰레기잖아. 그럼 정크 푸드는 결국 쓰레기 음식이네?"

"도사님이 죽은 음식, 가짜 음식이라고 하셨는데 그것보다 훨씬 더 나쁘게 들린다."

"그러니까 말야. 음식인데 쓰레기라니. 패스트푸드라고 부르는 건 진짜 많이 순화해서 부르는 거네. 으~, 정말 먹지 말아야겠다."

"그치? 계속 먹으면 비만에 심장병에…. 생각만 해도 너무 무서워!"

도사님은 가공식품을 '공장 음식'이라고 불렀다. 서양에서는 이런 공장 음식을 '정크 푸드'라고 부른다. 정크 푸드 중독자였던 쌍둥이도 도사님과 엄마의 도움으로 이제는 살아 있는 음식의 중요성을 깨닫게 됐다.

"쓰레기 음식을 맛있다고 매일 먹었으니 엄마가 걱정하신 것도 이해가 돼."

강이가 자신의 예전 모습을 떠올리며 씁쓸하게 말했다.

"이젠 햄버거, 치킨, 피자를 봐도 그렇게 맛있어 보이진 않아. 오히려 좀, 무섭달까?"

건이도 고개를 끄덕이며 맞장구를 쳤다.

"전에는 맛있기만 하면 그만이었는데, 이제는 맛 때문에 건강을 해치고 싶지 않아."

쌍둥이가 이렇게 달라지기까지는 험난한 과정이 있었다. 다른 아이들처럼 정크 푸드를 입에 달고 살았던 쌍둥이에게 갑자기 채소와 과일을 먹으라고 하니 쌍둥이는 받아들일 수 없었다. 스트레스도 많이 받았다. 엄마는 그런 쌍둥이를 보면서 속상해서 울기도 했다. 저대로 두면 아이들 건강이 걱정이고, 억지로 음식을 먹이자니 아이들이 너무 힘들어해서 어찌할 바를 몰랐다. 엄마가 이런 고민을 도사님에게 털어놓자, 도사님은 당연하다는 표정으로 말했다.

"너무 당연한 일이에요. 정크 푸드에 길들여진 입맛을 하루아침에 고치는 건 어른들도 힘들어요. 하지만 채소 과일식을 오래 할 수 있는 방법이 있지요!"

도사님이 장난스럽게 말했다.

"그런 방법이 있어요?"

"이건 진짜 특급 비밀인데요…."

도사님이 입술 위에 손을 갖다 대고 주위를 살펴보더니 작은 목소리로 입을 열었다.

"채소와 과일, 살아 있는 음식이 전체 음식의 70퍼센트가 되게 해 주세요. 불에 익히거나 가공된 음식은 30퍼센트만 먹이는 겁니다. 그러니까 아이들이 그동안 먹던 음식을 한꺼번에 끊어 버리지 말고 30퍼센트의 비율로 먹도록 조절해 주시면 됩니다. 일명 7 대 3의 법칙!"

"7 대 3의 법칙…."

엄마는 입 밖으로 다시 한번 되뇌었다. 처음 들어보는 법칙이었다.

"우선 아침은 무조건 채소와 과일 식단으로 먹이세요. 그러면 하루 세 끼 중에 두 끼가 남죠? 하루 두 끼가 한 달이면 몇 끼가 되죠?"

"60끼가 되죠."

"그 60끼에 7 대 3법칙을 적용하면 됩니다. 42끼는 채소 과일식을 기본으로 하고, 현미밥을 먹고 통곡물과 견과류를 먹는 거예요. 그리고 18끼는 가공식품을 먹을 수 있게 해 주세요."

"그러면 아이들이 스트레스를 적게 받을까요?"

"18끼가 결코 적은 숫자가 아니에요. 일주일에 적게는 4번, 많게는 5번까지도 가공식품을 먹을 수 있다는 얘기니까요."

"어머나, 정말 그렇네요!"

"이 정도면 쌍둥이도 타협할 걸요? 쌍둥이는 워낙에 가공식품을 많이 먹어 왔고 비만이기 때문에 이 정도로만 조절해도 살이 빠지고 건강해질 겁니다. 그러다가 이 식습관으로 효과를 보면 이제 시키지 않아도 채소와 과일을 먹겠다고 할 거예요. 이 상황에 딱 맞는 속담 아시죠?"

엄마가 자신있게 대답했다.

"첫술에 배부를 수 없다!"

도사님이 엄마에게 쌍따봉을 날려 주었다.

집에 돌아온 엄마가 쌍둥이에게 7 대 3 법칙으로 식단을 바꾸어 보자고 말하자, 쌍둥이는 처음에 시큰둥한 반응이었다. 한 달에 18끼만 가공식품을 먹는다니, 너무 부족해 보였다. 하지만 계산을 해 보니 일주일에 4번이면 해볼 만하다는 생각이 들었다. 그날 이후 쌍둥이는 7 대 3 법칙에 따라 채소 과일식과 가공식품을 함께 먹었다. 그런데 예상하지 못한 반응이 나타났다. 어느 날, 건이가 배를 움켜쥐고 울상이 되어 엄마를 불렀다.

"엄마, 배가 너무 아프고 자꾸 설사가 나와요."

엄마는 놀라지 않았다. 왜냐면 도사님에게 미리 이에 대한 이야기를 들었기 때문이다.

"근데 여기서 주의 사항! 채소 과일식에 완전히 적응하기까지 명현현상이 나타날 겁니다. 쉽게 말해서 부작용이죠. 한자로 어둑할 '명(瞑)', 아찔한 '현(眩)'을 써서 말 그대로 눈앞이 캄캄해지고 아찔하다는 뜻이에요. 중국의 오래된 의학책에서도 '명현반응이 일어나지 않으면 병이 낫지 않는다'라고 쓰여 있는데요. 힘든 과정을 거쳐야 좋은 것이 따라온다는 뜻이에요. 우리는 뭐든지 쉽고 빠른 걸 좋아하는데, 사실 그런 것은 모두 가짜라고 봐야 해요. 쉽고 빠르게 얻은 것은 쉽고 빠르게 사라진다! 이

걸 명심하셔야 해요. 이게 자연의 법칙이기도 하고요. 명현현상은 몸이 회복되고 있다는 신호예요. 오래가지 않으니 안심하셔도 됩니다."

도사님은 설사란 우리의 위와 장이 그동안 가공식품을 너무 많이 먹어서 나타나는 현상이라고 말해 주었다. 쌍둥이의 위장은 여러 가지 화학첨가제로 오염되어 있는 상태라서 채소와 과일이 오염 물질을 청소하면서 설사 반응이 나타난다는 것이다. 방부제, 보존제, 향미증진제 등 화학 물질에 길들여진 위장에 신선한 효소 품질이 들어오니까 위가 반응을 하고 몸이 깨어나서 청소를 시작하는 신호라고 도사님은 설명했다.

"명현현상은 다양해요. 설사 다음으로는 가려움증이나 콧물이 흐를 수도 있어요. 최초 2주 정도는 이런 현상이 나타날 거예요. 하지만 걱정은 금물! 그동안 먹은 공장 음식의 오염 물질이 배출되는 과정이니 당연히 시간이 걸립니다. 집안일도 쌓아 두었다가 하면 시간이 많이 걸리잖아요. 우리 몸도 마찬가지예요. 우리 몸은 외부의 침입으로부터 스스로를 방어하기 위해 고열, 구토, 설사로 반응합니다. 그동안 계속 독을 먹었기 때문에 몸 밖으로 뱉어 내는 과정이 꼭 필요한 거예요."

건이는 비염, 강이는 아토피가 있어서 콧물과 기침과 가래까지 나타났다. 그러나 엄마는 당황하지 않았다. 이것 역시 우리

인간이 가진 정화 능력이라는 걸 알고 있었으니 말이다. 몸이 말하고 있는 것이다. '우리는 지금 몸에 열을 내고 콧물과 가래를 통해서 몸속 노폐물을 배출하는 중이에요'라고 말이다.

"강이처럼 아토피가 있다면 발진이나 두드러기가 올라올 수도 있어요. 그럼 아이들은 겁이 나서 식단 바꾸기를 그만하겠다고 떼를 쓰죠. 어떤 친구들은 식단을 바꿔도 빨리 살이 안 빠진다고, 건강이 정말 좋아지고 있는 건지 모르겠다면서 포기하기도 해요. 그럴 때는 기간을 정해 놓고 아이들을 설득해 보세요. 2주일만 해 보자고요. 2주 안에 변화가 나타납니다. 설령 실패하더라도 실망하지 말고 언제든 다시 도전하세요."

엄마는 쌍둥이에게 도사님에게 들었던 이야기를 모두 전해 주었다. 쌍둥이는 아픈 배를 움켜쥐고 한숨을 내쉬었다.

"그럼 며칠 더 참아야 하는 거네요."

"건이 강이는 해낼 수 있어. 힘들게 얻어야 오래간다는 도사님 말씀 잊지 말자. 할 수 있지?"

쌍둥이는 고개를 끄덕였다. 아무 반응이 없는 것보다 몸이 좋아지고 있다는 신호를 받는 게 더 좋은 일이라는 생각이 들었기 때문이다.

**잠깐! 건강 상식**

### 채소와 과일을 많이 먹어야 하는 이유

채소가 밭에서 자라려면 여러 달이 걸리고 과일은 1년이 걸려야 수확할 수 있습니다. 채소와 과일은 모두 비바람을 견디고 태양의 기운을 받고 땅에서 영양분을 빨아 올려 일정한 시간이 지나야 결실을 맺을 수 있지요.

식물은 태양의 기운을 이용해서 우리 몸이 곧바로 받아들이기 힘든 땅속 무기질을 우리들에게 좋은 유기질로 바꿉니다. 우리가 무기질이나 유기질이라고 말할 때의 가운데 글자 '기(機)'는 한자인데, 영어로는 '에너지', 우리말로는 '생명'을 뜻해요. 무기질은 생명, 즉 에너지가 없다는 말이고, 유기질은 생명과 에너지가 있다는 뜻이에요. 채소와 과일은 에너지가 없는 데서 에너지를 만들어요. 이렇게 좋은 것들은 시간이 걸려서 완성될 수밖에 없어요.

반대로 공장 음식은 재료만 준비되면 기계를 돌릴 수 있죠. 하루에도 수천수만 명이 먹을 수 있는 음식을 계속 만들어 내야 하니까요. 죽어 있는 음식은 유기질 같은 살아 있는 에너지를 만들지 못해요. 살아 있는 효소, 즉 살아 있는 에너지를 얻을 수 있는 음식은 채소와 과일밖에 없습니다.

# 오늘부터 임금님 다이어트

"원래 다이어트는 내일부터예요."

"솔직히 말해서 다이어트해도 할 때만 조금 빠졌다가 금방 또 찌잖아요."

핑계 없는 무덤은 없다고 했던가. 쌍둥이는 다이어트를 포기할 때마다 핑계가 많았다. 힘드니까 내일부터 하겠다, 어차피 요요가 오니까 하기 싫다 등 이런저런 핑계를 당당하게 말하곤 했다. 그런데 도사님과 몸속 탐험을 다녀온 뒤로 쌍둥이의 태도는 완전히 바뀌었다. 이번이 정말 중요한 기회라는 생각이 들었고, 반드시 성공해서 건강한 몸을 만들겠다는 의지가 생겼다. 엄마도 같은 생각이었다. 마침 학교도 방학이니 다이어트를 실천하기 딱 좋았다.

"이번엔 꼭 성공하자! 아자, 아자, 아자!"

쌍둥이와 엄마는 큰 소리로 파이팅을 외쳤다.

도사님이 쌍둥이 식구들에게 권유한 다이어트 프로그램은 '임금님 다이어트'였다.

"다이어트, 다이어트, 다이어트! 말만 들어도 벌써 귀를 막고 싶지? 생각만 해도 음식이 막 하늘을 둥둥 떠다니고? 하지만 이 임금님 다이어트는 임금님처럼 내 몸을 아끼면서 마음껏 먹을 수 있어서 고생스럽거나 힘들지 않아."

도사님이 이렇게 말하며 자신 있게 추천한 임금님 다이어트는 3주 동안 실천하도록 짜여 있었다. 첫 주는 준비하고 적응하는 기간이다. 다이어트 기간에 해야 할 것을 충분히 이해하고 상황에 맞추면 된다. 이후 2주 동안 지켜야 할 원칙들을 매일 실천한다. 도사님은 그렇게 15일만 지나면 몸에 많은 변화가 일어날 거라고 확신했다.

"리니가 되는 것도 시간문제라니까! 물론 체중만 줄어드는 게 아니고 건강해지는 건 물론이고, 컨디션까지 좋아지는 걸 느끼게 될 거야. 맨날 방실방실 웃게 될 거다. 도사님 믿고 꼭 성공하길 바란다!"

15일만 참으면 된다니 엄마와 쌍둥이는 가슴이 두근거렸다. 세 사람은 도사님이 건네준, 임금님 다이어트에 필요한 3가지

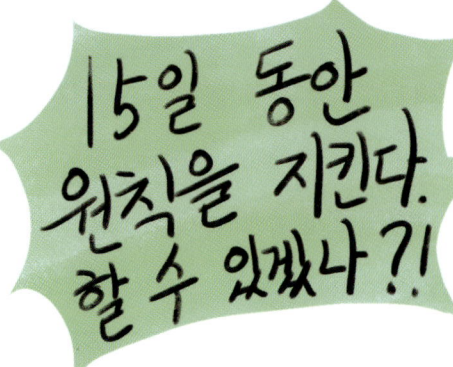

기본 원칙이 적힌 종이를 펼쳐 보았다.

1. 아침은 과일이나 채소 과일 주스, 통곡물, 견과류 위주로 먹는다.
2. 쌀밥을 현미밥으로 바꾼다. 30번씩 꼭꼭 씹어 먹는다.
3. 식전이나 공복에 과일을 챙겨 먹는다.

"절대 법칙 3가지! 이 3가지 원칙은 무슨 일이 있어도 꼭 지켜야 해. 그리고 라면, 국수, 파스타, 우동, 빵은 줄이는 거야. 치킨, 피자, 햄버거, 감자튀김, 돈가스, 콜라도 마찬가지야."

중요한 건 저녁 8시에서 다음 날 아침 8시까지 기본 12시간

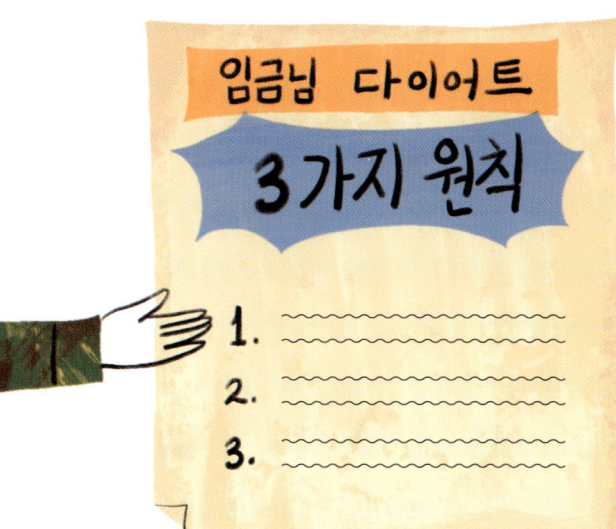

은 공복을 유지해야 한다는 점이었다. 이 대목에서 쌍둥이의 마음이 살짝 흔들렸다.

"엄마, 12시간 동안 아무것도 못 먹는 건 너무한 거 아니에요? 너무 배고플 것 같아요."

"야식이 얼마나 꿀맛인데요."

쌍둥이의 투정에 엄마는 도사님의 말을 떠올렸다.

"물론 쌍둥이들은 배고프다고 아우성이겠죠. 제가 누굽니까. 그럴 때의 해결책도 있죠. 만약 1주 차에 배가 고프다고 하면 바나나, 토마토, 오이 등 채소와 과일만 조금 주세요. 잠자기 1시간 전까지만 먹을 수 있습니다. 2주 차에도 밤에 허기를 느낀다면 과일을 약간 주세요. 그리고 최대한 물만 마시게 하세요. 밤에 느껴지는 허기가 사라지는 데는 2주 정도 걸립니다."

도사님의 예상대로 쌍둥이는 밤마다 배가 고프다고 아우성이었다. 이틀 이상 배가 많이 고플 때는 고구마나 감자를 먹었다. 그게 아니면 오이, 양배추, 토마토 등 채소로 배고픔을 달랬다.

그렇게 3주가 지나고 나면 매주 일주일에 하루만 채소 과일식을 먹어도 몸의 치유 능력이 유지된다고 도사님은 말했다.

"눈 딱 감고 한번 도전해 보세요. 처음이 어렵지 하다 보면 의지가 생겨요. 특히 건이 강이처럼 두통, 소화불량, 아토피, 비염, 변비가 있는 사람은 동물성 식품인 고기, 생선, 달걀, 우유, 치즈,

요구르트, 요거트 같은 음식은 이 기간 동안 끊어야 해요. 물론 독소가 청소되고 나면 동물성 식품을 조금씩 먹어도 괜찮습니다. 그런데 임금님 다이어트에 성공하면 동물성 식품을 다시 먹으려고 해도 섭취량이 크게 줄어들 거예요. 몸에서 더 이상 나쁜 물질을 받아들이지 않게 되거든요."

엄마는 임금님 다이어트의 3가지 원칙을 다시 살펴보았다.

'건이 강이가 이걸 할 수 있을까?'

다이어트를 시작하기 전에 엄마는 쌍둥이를 믿으면서도 한편으로는 걱정스러웠다. 아이들 식습관이 많이 바뀌고 좋아졌다고는 해도 아직 어린아이들이 이런 식단을 지킬 수 있을지 반신반의했다. 엄마가 그런 걱정을 내비치자 도사님은 말했다.

"그래서 우리에게 필요한 게 바로 단기 계획! 운동이나 다이어트, 금연 등 뭐든지 길게 잡으면 쉽게 포기하게 돼요. 처음부터 한 달 내내 채소와 과일만 먹으라고 하면 너무 길고 지루한 목표죠. 그러니까 우선은 아침만이라도 채소 과일식으로 바꾸고 점심과 저녁은 평상시처럼 먹는 거예요. 그렇게 2주 정도만 해도 아침에 변을 잘 보고 몸이 가벼워지는 걸 느낄 거예요. 당연히 살도 빠져요. 이렇게 몸이 변하면 쌍둥이도 슬슬 신이 날 겁니다."

도사님 말처럼 처음부터 장기간 채소 과일 주스만 먹기는 어렵다. 그래서 엄마는 우선 한 달을 목표로 잡았다. 한 달 동안의 경험을 바탕으로 점차 채소 과일 주스, 채소와 과일을 연속으로 먹는 날을 점차 늘려 3일 이상 채소 과일식을 목표로 잡았다. 물론 가족 모두가 함께하는 프로젝트였다.

쌍둥이 가족의 다이어트 첫 주는 무척 힘들었다. 하지만 온 식구들이 합심해서 서로 격려하고 응원하며 다이어트를 계속하자 3주가 넘어가면서부터는 조금 쉬워졌다. 게다가 도사님 말처럼 정말 몸이 하루가 다르게 변했다. 두통, 변비, 더부룩함이 다 사라지고 몸이 깃털처럼 가벼워졌다. 몸이 변하기 시작하자 쌍둥이 가족은 더 적극적으로 다이어트에 임했다.

몸을 해독하는 방법을 터득하면 몸이 무겁게 느껴질 때 언제든지 1~3일을 채소 과일식으로 독소 청소와 에너지를 공급할 수 있게 된다고 도사님은 강조했다. 설령 가공식품을 많이 먹었더라도 다음 날 채소 과일식으로 바로 몸을 청

소해 주면 몸이 한결 가벼워진다고 했다.

"다이어트도 똑똑하게 해야 해요. 임금님 다이어트는 단기간에 끝나는 다이어트가 아니라 평생 할 수 있는 다이어트예요. 무작정 음식을 안 먹으면서 살을 빼는 건 절대 금지! 좋은 음식을 충분히 먹으면서 살도 뺄 수 있다니 얼마나 아름다운 다이어트입니까! 이렇게 식습관을 바꾸면 영양제도 필요 없어요. 음식처럼 확실하고 효과 있는 영양제는 없다! 이런, 제가 또 명언을 남겼네요, 하하하."

# 방귀 대장, 입 냄새 대장은 이제 안녕

"앗싸, 오늘도 쾌변!"

아침에 화장실에 다녀온 건이가 신이 나서 기쁨의 환호성을 질렀다.

"우리 아들, 볼 일 잘 봤어?"

엄마의 물음에 건이가 자랑하듯 가슴을 쭉 펴고 의기양양하게 대답했다.

"그럼요! 오늘도 바나나 똥이에요, 엄마."

화장실에서 '쏴!' 하고 변기에 물 내리는 소리가 한 번 더 들렸다. 이번에는 강이 차례였다.

"흥! 네가 바나나 똥이면 난 구렁이 똥이다!"

쌍둥이는 서로 변을 많이 봤다고 자랑을 늘어놓았다. 엄마는 쌍둥이의 변화를 눈으로 보고도 믿기 힘들었다. 그동안 쌍둥이는 수분이 거의 없는 가공식품만 먹어서 변비로 고생했다. 심하면 일주일 넘게 화장실에 못 간 적도 있었다. 그런데 지금은 학교 가기 전 5분도 채 안 걸려서 바나나 똥과 구렁이 똥을 보았다고 자랑을 늘어놓았다.

"매일 쾌변하는 기분이 어때?"

엄마가 기특한 표정으로 물었다.

"몸이 엄청 가벼워요."

"내 몸 어디에 이렇게 찌꺼기가 많이 들어 있었는지 신기해요. 아, 개운해!"

쌍둥이가 서로 자랑하듯 대답했다. 물론 처음부터 이렇게 효과가 좋았던 건 아니다. 처음에 쌍둥이는 사과로 즙을 낸 주스를 먹고 속이 쓰리고 배에 가스가 찬다고 투덜댔다. 걱정스러운 엄마가 도사님에게 전화를 걸어 쌍둥이 증상을 얘기하니 도사님은 명쾌하게 답을 주었다.

"제가 쾌변처럼 시원하게 답해 드리죠. 그럴 때는 사과를 바나나로 바꿔서 위가 회복된 후에 사과를 먹으면 돼요. 보통 일주일 정도면 위장 기능이 회복돼서 사과를 먹어도 불편하지 않아요. 토마토는 식도염이 생기는 등 잘 맞지 않는 사람들이 있으니 그럴 때도 다른 과일로 바꾸면 되고요."

어떤 사람들은 과일이 산성이라서 아침 빈속에 먹으면 해롭다고 말하기도 한다. 하지만 도사님은 그런 말을 들을 때마다 미간을 찌푸리며 강한 어조로 비판했다.

"그런 말 들을 때마다 고구마를 열 개는 먹은 것 같다니까요. 공장에서 가공된 주스가 산성이지 살아 있는 과일은 몸을 산성화하지 않아요. 둘을 분명하게 구별해야 합니다!"

쌍둥이는 원래 화장실에 들어가면 언제 나올지 기약이 없을 정도로 변기에 오래 앉아 있었다. 수분이 없고 식이섬유가 없는 가공식품을 많이 먹으니 변을 잘 볼 수가 없었다. 쌍둥이가 변비에서 해방된 건 과일과 채소에 포함된 식이섬유 덕분이다. 과일과 채소에는 동물성 식품에는 없는 식이섬유가 풍부하게 들어 있다. 특히 바나나와 양배추를 밥 먹기 전에 꾸준히 먹어 주면 효과가 크다.

"그러고 보니 건이는 이제 방귀를 잘 안 뀌네?"

엄마가 대단한 발견을 한 듯 말했다. 정말 그랬다. 뿡뿡이 건이의 방귀 횟수가 크게 줄었다.

"에헴! 이제 제 장은 튼튼하고 건강하니까요!"

건이가 자신의 배를 통통 두드리며 거드름을 피웠다.

"건이 방귀 냄새에서 해방되니 엄마 흰머리도 쏙 들어갔어."

쌍둥이가 푸하하 웃음을 터뜨렸다.

"사실 저도 방귀 때문에 속상했어요. 수업하다가 방귀가 나도 모르게 나올까 봐 얼마나 조마조마했는데요. 저번에는 그래서 놀림까지 받고…."

건이가 지난날을 생각하며 한숨을 쉬었다.

"지금은 어떤데?"

"이제는 배에 가스도 많이 안 차고 예전처럼 방귀가 자주 나오지 않아요. 방귀를 뀌더라도 냄새가 거의 안 나고요. 다 도사님과 엄마 덕분이에요."

"우리 입 냄새 대장은 할 말 없어?"

엄마가 묻자 강이의 얼굴이 빨개졌다.

"엄마, 나 이제 입 냄새 안 나요…. 왜 부끄러운 과거를 들추고 그러세요."

"우리 강이도 그동안 창피했던 거야?"

"그럼요. 말할 때마다 입 냄새 나면 어떡하나 걱정했어요. 근데 이젠 냄새 안 나서 말할 때 자신감이 생겼어요. 트림도 거의 안 해요."

이제 몸이 깨끗해졌나 봐! 냄새가 안나!

킁 킁!

하

건이와 강이는 도사님을 통해 방귀 냄새, 트림 냄새가 죽은 음식의 냄새라는 걸 알았다. 식습관을 바꾸니 이제 쌍둥이 몸에서는 냄새가 나지 않았다. 어떨 때는 신선한 채소와 과일 냄새가 나는 것 같았다. 살도 빠지고 오랫동안 앓았던 질병도 사라지고 부끄러운 고민거리가 사라지니 쌍둥이의 성격도 한층 밝아졌다. 학교생활도 재밌고, 친구들한테 훨씬 더 적극적으로 다가갈 수 있었다. 식습관 하나 바꾸는 것으로 이렇게 많은 것이 바뀔 줄은 쌍둥이도 꿈에서조차 몰랐다.

## 잠깐! 건강 상식

**우리 몸에서 보내는 위험 신호**

'나는 양치도 잘 하는데 왜 이렇게 입 냄새가 심할까?'
이런 남모를 고민을 안고 있는 친구들 많죠? 특히 아침에 일어났을 때 입 냄새가 더욱 심하게 느껴질 거예요. 이 지독한 냄새의 이유는 빵, 라면, 피자, 치킨, 콜라 등 가공식품을 너무 많이 먹기 때문이에요. 위와 장이 소화하고 나쁜 물질을 몸 밖으로 내보내야 하는데, 그 증상 중 하나가 입 냄새와 독한 방귀랍니다.

이런 몸의 위험 신호를 무시하고 계속해서 초콜릿, 과자, 아이스크림, 젤리 등을 많이 먹으면 피부가 간지러워지는 아토피와 코가 막히거나 콧물이 나는 비염이 생긴답니다. 그전에 가장 먼저 생길 수 있는 증상이 설사예요. 우유를 먹으면 배가 슬슬 아프면서 바로 화장실을 가는 친구도 있을 텐데요. 이처럼 소화하기 힘든 음식들이 들어왔을 때 위와 장이 힘들어서 몸 밖으로 빨리 그 성분을 내보내는 게 설사랍니다.

몸은 그 밖에도 똥 모양으로 우리의 건강 상태를 알려 주기도 해요. 딱딱하거나 염소똥 모양이 아닌 부드러운 바나나 형태의 똥이 가장 좋은 똥이에요. 그런 똥을 보기 위해서는 살아 있는 음식인 채소와 과일을 먹는 습관을 가져야 해요. 그렇게 2주만 실천해 보면 입 냄새도 사라지고 예쁜 바나나 똥도 볼 수 있게 될 거예요.

# 건강원정대의 마지막 탐험

엄마는 오랜만에 도사님을 만났다. 놀라운 변화를 일으킨 도사님에게 감사인사를 하고 싶어서였다. 엄마는 도사님을 처음 만났던 등산로 벤치에서 도사님을 다시 만났다.

"도사님, 아이들이 정말 건강해졌어요. 체중도 많이 빠졌고요. 다 도사님 덕분입니다."

"하하하, 제가 좀 멋졌죠? 하지만 저보다 어머님이 더 고생하셨어요. 물론 젤 고생한 건 쌍둥이죠. 어린 나이에 먹고 싶은 걸 참는 게 쉽지 않은데, 참 대견해요."

"원래 아이들이 살만 빼고 싶어 했지 건강에는 관심이 없었거든요. 근데 도사님이 하나씩 쉽게 가르쳐 주셔서 아이들도 건강의 중요성을 알게 됐어요."

"기특해라 우리 쌍둥이들! 인생에서 건강만큼 중요한 게 없어요. 제가 바로 그 산증인이잖아요. 어렸을 때는 건강의 소중함을 잘 모르는데 사실 건강은 어릴 때부터 지켜야 해요. 그래야 뿌리부터 건강해지는 거예요."

"맞아요. 어렸을 때 잘못 들인 식습관이 평생을 가니까요."

"그런데 어머님…."

정답게 이야기를 이어가던 도사님이 갑자기 엄마를 유심히 바라보며 물었다.

"어머님은 커피 끊으셨나요?"

"네, 끊었어요!"

엄마가 자신 있게 대답했다.

"와, 쌍둥이가 누굴 닮았나 했더니 어머님을 닮았네요. 커피 끊기 쉽지 않으셨을 텐데요."

"남편이나 저나 워낙 젊었을 때부터 매일 마시던 거라서 진짜 힘들었어요."

도사님이 충분히 이해한다는 듯 고개를 끄덕이며 말했다.

"저도 그랬죠. 많은 사람들이 커피에 중독되어 있어요. 하지만 말씀드렸죠? 커피콩을 구울 때도 고기를 구울 때 나오는 단백질 변성 독소가 나온다고 말예요. 하루 한 잔까지는 괜찮다고 하지만 해로운 음료니까 몸이 아프다면 우선 커피부터 끊어 보셔야 해요."

"커피를 끊으니까 잠도 잘 오고 몸도 가벼워지더라고요. 도사님 덕분이에요."

쌍둥이가 건강해진 것, 엄마와 아빠가 커피를 끊은 것 말고도 엄마는 도사님에게 고마움을 느끼는 게 또 하나 있었다. 바로 온 가족이 건강해진 것이다. 처음에는 쌍둥이의 건강을 위해 채소와 과일을 먹었는데 쌍둥이를 먹이면서 엄마와 아빠도 채소와 과일을 먹기 시작했다. CCA 주스도 가족 모두가 아침마다 마셨다. 그러자 쌍둥이는 물론, 엄마와 아빠까지도 건강해졌다.

"애들 아빠한테 당뇨가 있었거든요. 그런데 식습관을 바꾼 뒤부터 몸무게도 줄고 당 수치가 떨어졌어요. 그리고 저는 평상시에 머리카락이 엄청 많이 빠졌는데 머리숱이 다시 많아졌고요. 사람들이 젊어졌다고 비결을 물어본다니까요, 호호호."

"앗, 얼굴에서 번쩍번쩍 빛이 나는 이유가 바로 식단? 하하하, 실천하기 어려워서 그렇지 무엇을 먹느냐에 따라 우리의 건강과 삶이 다 바뀔 수 있어요. 세상 사람 모두가 채소 과일식을 하고 가공식품을 끊으면 모든 병원이 문을 닫게 될 겁니다."

엄마는 도사님 말에 고개를 끄덕였다.

이런저런 이야기를 나누다 보니 어느새 한 시간이 훌쩍 지나갔다. 아쉽지만 이제 헤어져야 할 시간이었다. 도사님은 내일 다른 동네로 연구실을 이전한다고 했다. 전국을 돌아다니면서 우리나라 모든 국민이 건강해질 때까지 채소 과일식을 알리겠다고 했다.

"건이 강이가 알면 엄청 서운해할 거예요. 요즘도 입만 열면 도사님 보고 싶다고 하거든요."

"저도 쌍둥이 얼굴이 아른아른해요. 근데 서운해하지 않아도 돼요. 마지막 탐험이 남았거든요. 바로 오늘이요."

"네? 오늘 탐험이 있어요? 준비를 전혀 못했는데요."

"준비물 필요 없어요. 오늘은 쌍둥이가 편안하게 잠들면 쌍둥이 꿈속으로 탐험을 떠날 거니까요."

엄마는 이게 무슨 소리인가 어리둥절했다.

"꿈에서 쌍둥이가 20년 뒤에도 건강하게 잘 사는지, 미래를 살짝 보고 올 거예요."

"와, 정말요? 너무 기대돼요. 20년 뒤에 건이와 강이는 뭘 하고 있을까요?"

"꿈에서 확인하시죠. 건강원정대의 마지막 탐험이니까요."

집으로 돌아온 엄마는 쌍둥이에게 마지막 탐험을 비밀에 부쳤다. 아무것도 모르고 떠나야 아이들에게 더 큰 놀라움과 즐거움을 줄 것 같았기 때문이다. 쌍둥이의 미래가 너무너무 궁금한 엄마는 아이들이 빨리 잠들기를 기다렸다. 하지만 지루한 기다

림은 아니었다. 예전에 쌍둥이는 늦게까지 노트북과 스마트폰을 들여다보면서 12시에 자기도 했는데 요즘은 잠도 일찍 잔다. 12시간 공복 시간을 지키려고 야식을 끊었기 때문에 배가 고파서 일찍 잠자리에 드는 것도 이유다. 엄마가 빨리 자라고 잔소리를 늘어놓기도 전에 쌍둥이 방에 불이 차례차례 꺼졌다. 그리고 도사님은 연구실에서 눈을 감고 마지막 주문을 외웠다.

"아수라, 아수라, 발바발라 발라타!"

20년 뒤, 건이와 강이는 어떤 모습일까? 운동 전문가인 건이는 한 방송국에서 제작하는 공개 강연 프로그램에 출연해 강연을 하고 있었다.

"저는 열 살 때까지만 해도 소아 비만이었습니다. 학교에서 몸무게 검사하는 날마다 친구들이 놀려서 학교에 가기 싫을 정도였죠. 그런데 정말 고마운 선생님의 도움으로 식습관을 고치고 완전히 다른 삶을 살게 됐어요. 살이 빠지고 건강해지기 시작하면서 운동을 좋아하게 됐고요."

건이 뒤로 보이는 커다란 화면에 건이의 어릴 때 사진이 나타났다. 볼이 빵빵하고 배가 불룩 나온 어린 시절 건이의 모습을 본 관객들이 깜짝 놀라 웅성거렸다. 지금 건이는 근육질에 키도 크고 체형이 좋아서 모두가 부러워하는 '몸짱'이니 그럴 만도 했다. 건이는 지금 소아 비만을 전문적으로 다루는 운동 전문가로 이름을 날리고 있었다.

강연이 끝나자 청중들의 질문 시간이 이어졌다. 한 명이 손을 들고 질문했다.

"특별히 소아 비만에 관심을 갖게 된 이유가 있으세요?"

"저는 세 살 건강이 여든까지 간다고 생각합니다. 요즘 식품 산업이 발달하고 음식이 넘쳐나면서 아이들이 건강하지 못한 식생활에 노출돼 있어요. 비만인 어린이도 많고 질병에 시달리는 어린이도 많죠. 저 역시 그랬고요. 그런 아이들이 안타까워서 소아 비만 퇴치에 앞장서게 됐습니다."

강연이 끝나고 건이에게 박수가 쏟아졌다.

같은 시간, 강이는 한 회사의 회의실에서 미팅 중이었다. 강이는 대학에서 식품학을 전공하고 대학원에서 박사 학위를 받기 위해서 회사를 다니면서 공부하고 있는 중이다. 강이는 곧 논문을 심사받기로 했다. 강이가 연구하는 분야는 채식이다.

"강이야, 넌 언제부터 채식을 하게 된 거야?"

강이와 같은 연구실에서 공부하는 친구가 물었다.

"어릴 때는 아토피가 심했거든. 그런데도 유제품에, 몸에 해로운 가공식품을 달고 살았지. 특히 설탕 범벅인 디저트 있지? 그런 거 엄청 좋아했어."

"근데 어떻게 그렇게 확 바뀌었어?"

"우연히 고마운 선생님을 만나서 우리 몸에 대해 공부하면서부터 변했어. 또 그 선생님 친구분 댁에 놀러 갔는데 거기서 하얀이라고, 나랑 동갑인 여자애를 만난 거야. 근데 걔는 이름처럼 엄청 건강하고, 뭐랄까…. 되게 맑아 보였어. 그 친구를 보면서 나도 닮고 싶다는 생각이 들었어."

"너도 하얀이처럼 생활한 거야?"

"맞아! 나도 내가 이렇게 될지 정말 몰랐어. 처음에는 채소를 엄청 싫어했거든. 근데 그 고마운 선생님을 알고 건강한 다이어트를 하면서 몸이 건강해지는 걸 느끼니까 변할 수밖에 없더라고. 난 특히 아이들의 건강과 식습관에 관심이 많아."

강이도 건이처럼 비만인 어린이들에게 도움을 주는 사람이 되고 싶었다. 채식을 더 연구하고 개발해서 비만으로 힘들어하는 아이들이 채소와 과일을 즐겁게 먹을 수 있도록 도와주는 박사가 되고 싶었다.

그날 새벽, 꿈속에서 쌍둥이의 20년 뒤 모습을 본 엄마는 침대에서 살며시 일어나 차례차례 쌍둥이 방에 들어갔다. 둘 다 자고 있는데도 희미하게 웃고 있었다. 엄마는 아이들의 뺨을 어루만졌다. 보면 볼수록 아이들이 대견했다.

 "어른도 하기 힘든 일을 잘 해냈어, 우리 쌍둥이들. 엄마는 너희들이 너무 대견하고 자랑스러워. 엄마도 건강하고 씩씩한 하루하루를 보낼게."

 엄마의 속삭임을 꿈속에서 들은 걸까? 쌍둥이의 얼굴에 달빛처럼 환한 미소가 번졌다.

# 건강 지킴이 건이, 환경 지킴이 강이

"건이야, 나 뭐 좀 물어봐도 돼?"

쉬는 시간, 민환이가 건이에게 쭈뼛쭈뼛 다가와서 기어들어 가는 목소리로 물었다. 신체검사하던 날, 쌍둥이를 가장 많이 놀렸던 그 얄미운 민환이가 웬일로 저렇게 저자세인지 건이는 의아했지만 티를 내지 않고 대답했다.

"응, 물어봐."

"너랑 강이 말이야…. 몇 킬로그램이나 뺀 거야?"

뜻밖의 질문이었다.

"그건 왜?"

"아니, 내 동생 민준이가…. 계속 살이 찌거든. 그래서 엄마가 너네한테 가서 어떻게 살 뺐는지 물어보래."

"이름만 건강이라고 놀릴 때는 언제고?"

건이가 예전 일이 떠올라 입을 삐죽대며 퉁명스럽게 말했다. 뒤에 앉아 있던 강이도 건이 자리로 와서 팔짱을 끼고 민환이를 째려봤다. 민환이의 얼굴이 사과처럼 빨개졌다.

"아, 그거…. 나 이제 그렇게 생각 안 해. 그때는 미안했어…. 내가 잘못했어."

민환이의 진심어린 사과에 쌍둥이의 마음도 눈 녹듯 녹아 내렸다. 강이가 팔짱을 풀고 민환이에게 물었다.

"너희 가족 전부 건강해지고 싶지?"

"응, 그러면 좋지."

"그럼 오늘 당장 냉장고 청소부터 하자."

"냉장고 청소?"

민환이가 고개를 갸웃하며 되물었다.

"냉장고에 있는 공장에서 만든 가공식품을 다 버리는 거야."

건이가 방법을 알려 주자 민환이가 화들짝 놀라며 물었다.

"잉? 그 아까운 걸 왜 버려? 냉장고 음식을 다 버리면 굶으라는 거야?"

답답한 강이가 옆에서 거들었다.

"아니! 채소나 과일 같은 살아 있는 음식은 그대로 두고 공장에서 만든 음식을 버리라고."

"무슨 말인지 모르겠어."

민환이가 여전히 아리송한 얼굴로 고개를 갸우뚱했다. 그때 수업 종이 울리고 선생님이 들어오셨다.

"자, 모두 자리에 앉자. 오늘은 환경에 대해서 한번 이야기해 볼 거예요. 6월 5일은 유엔에서 정한 세계 환경의 날(World Environment Day)입니다. 요즘 환경 문제가 정말 심각하죠? 환경주의자들은 우리가 환경을 지키기 위해서 육식을 중단하고 채식을 해야 한다고 주장합니다. 왜 환경을 지키기 위해 채식을 해야 하는 걸까요?"

선생님 말씀을 듣던 아이들은 아무도 답을 하지 못했다.

"자, 여기 사진 보이죠?"

화면에 보이는 건 한 외국인 남성의 사진이었다.

"이 사람은 기후변화에 관한 정부간 협의체(Intergovernmental Panel on Climate Change, IPCC)라는 단체의 의장입니다. 이름은 라젠드라 파차우리(Rajendra Pachauri)이고 2007년에 노벨평화상을 받은 채식주의자예요. 그는 환경을 파괴하는 육류 소비를 중단해야 한다고 주장하고 있습니다. 기후전문가와 환경주의자들은 지구 온난화를 막으려면 육류 소비를 줄여야 한다고 주장하는데, 둘 사이에 무슨 관계가 있는지 토론 프로그램을 다 같이 볼까요?"

선생님이 재생 버튼을 누르자 기후전문가, 환경주의자들이 모여서 토론하는 프로그램이 시작됐다. 환경주의자가 말했다.

"세계의 육류 소비는 빠르게 늘고 있습니다. 지난 2008년 세계의 가축 수는 약 600억 마리예요. 2050년이면 그 수는 1,200억 마리로 늘어날 전망입니다. 우리가 고기를 먹기 위해서 가축을 키울 때 환경오염이 발생합니다. 전 세계 약 600억 마리의 가축을 키우기 위해 삼림과 열대우림을 파괴하고 육류를 냉동해서 수출하는 데 막대한 양의 온실가스가 배출되고 있어요."

기후전문가도 옆에서 거들었다.

"이게 어느 정도로 심각하냐면, 영국에서 일주일에 단 하루만 고기를 먹지 않으면, 자동차 500만 대가 운전을 하지 않는 효과가 있습니다. 축산업은 기후 위기, 생물의 다양성 파괴, 대기 오염, 토지 황폐화, 숲 파괴, 물 부족, 수질 오염의 주범입니다."

토론이 뜨거워지자 사회자가 토론을 잠시 중단하며 말했다.

"자, 그럼 이쯤에서 잠시 쉬어가는 게 좋겠습니다. 지금 여러 전문가 선생님들이 온실가스 배출량을 줄여서 기후변화를 막으려면 우리가 고기 섭취를 줄여야 한다고 말씀하시는데요. 그럼 우리는 고기 대신에 뭘 먹어야 하는 걸까요? 전문가에게 물어보겠습니다."

그 순간 화면에 익숙한 얼굴이 나타났다. 도사님이었다! 도사

님은 양배추 같은 연두색 옷을 입고 앉아 있었다. 쌍둥이는 하마터면 소리를 지를 뻔했다. 도사님을 여기에서 만나다니!

"이제부터라도 통곡물, 채소, 과일을 주로 먹으면 됩니다. 육식 대신에 콩으로 만든 콩고기도 있고, 단백질을 공급할 식품은 아주 많습니다. 기후 위기 시대에 한 사람 한 사람이 실천할 수 있는 최고의 기후 해결책은 채소와 과일 많이 먹는 거예요. 그러다 보면 육류 소비를 조금씩 줄일 수 있습니다!"

쌍둥이는 함성이 터져나올까 봐 손으로 입을 막고 도사님을 뚫어지게 쳐다봤다. 도사님 말이 끝나자 쌍둥이는 마주보고 눈빛을 교환했다.

'도사님이 저기 나올 줄은 몰랐어.'

'여전하시다, 도사님은…. 트로트 가수 같은 옷차림 좀 봐.'

쌍둥이는 터져 나오려는 웃음을 손바닥으로 막고 화면에 시선을 고정했다. 어떻게 보면 양배추 같기도 하고 어떻게 보면 애벌레 같기도 했다.

"선생님, 건이 강이는 고기를 잘 먹지 않는데 그럼 환경 보호에 앞장서고 있는 건가요?"

민환이가 손을 들고 질문했다.

"그렇죠. 우리도 건이 강이처럼 채소와 과일을 많이 먹고 건강도 챙기고 환경도 보호해야겠죠? 그런 의미에서 건이 강이에게 박수!"

친구들이 쌍둥이를 향해 박수를 보냈다.

'나는 건강해지려고 채소랑 과일을 먹었을 뿐인데. 이렇게 환경에 좋은 일을 하고 있는 줄 몰랐어.'

강이는 자기 자신이 무척이나 자랑스러웠다.

'도사님, 정말 고마워요. 저희 계속 잘하고 있을게요.'

건이는 화면 속 도사님을 보며 속으로 감사의 인사를 건넸다. 그 순간, 쌍둥이의 마음을 읽기라도 한 듯, 화면 속 도사님이 쌍둥이를 바라보았다. 너무 놀란 쌍둥이는 또 한번 터져 나오려는 함성을 손바닥으로 막았다. 쌍둥이를 바라보던 도사님이 두 아이에게 윙크를 보냈다. 쌍둥이는 아이들 몰래 손가락 하트를 만들어 도사님께 보냈다. 도사님이라면 이 하트를 분명히 받을 수 있을 것이다. 도사님은 절대로 일어날 수 없는 일도 일어나게 만드는 세계 최고의, 세계에서 단 한 명밖에 없는 건강 도사님이니까!

## 에필로그

요즘 텔레비전이나 유튜브를 보면 전 국민이 전문가가 된 것 같습니다. 무슨 전문가냐고요? 이른바 맛잘알(맛을 잘 아는 사람)이라고 하는 맛 전문가죠. 가공식품끼리 함께 먹는 꿀 조합, 새로 출시된 신상 가공식품, 식품회사에서 내놓는 계절 메뉴 등 어쩌면 이렇게 맛있는 게 많고 다양한지 모르겠습니다.

"맛있는 게 많으면 좋은 거 아닌가요?"라고 말하는 친구들이 있을 거예요. 입이 즐겁다는 점에서는 그렇게 보이지만 우리 몸의 건강을 생각하면 그렇지 않습니다. 우리는 혀의 즐거움 때문에 건강을 내어 주는 큰 대가를 치르고 있거든요. 우리는 지금 '맛있게, 더 맛있게'를 외치며 달고 짜고 기름지고 자극적인 음식을 너무 많이 먹고 있습니다. 음식이 식문화에 머물지 않고 콘텐츠이자 오락이 된 지 오래죠.

어린이 여러분도 음식에 유행이 있다는 사실을 잘 알 거예요. 친구들이 즐겨 먹는 음식을 나도 먹어 봐야 대화에 낄 수 있다고 생각해 본 적도 있을 거예요. 친구들이 열광하는 음식을 먹지 않으면 소외되는 느낌이 들죠. 그러나 또래들과의 우정, 친밀감보다 훨씬 더 중요한 게 우리의 건강입니다.

저희 집에도 아이가 있습니다. 어릴 때부터 엄마 아빠를 따라서 채소 과일 위주로 먹었고 가공식품도 거의 먹지 않습니다. 친구들이 유행하는 음식을 다 함께 먹어도 저희 아이는 먹고 싶어 하지 않아요. 어떻게 그럴 수 있냐고요? 어릴 때부터 오랫동안 습관이 들었기 때문이죠.

물론 건강을 위해서 식습관을 바꾸는 건 쉬운 일이 아닙니다. 그러나 여러분이 할 수 없는 일이거나 불가능한 일은 아니에요. 온 가족이 함께 건강을 위해서 덜 맛있게, 더 건강하게 먹는 쪽으로 습관을 바꾸면 자연스럽게 건강이 따라옵니다.

식습관을 어떻게 바꿔야 할지 막막할 때는 이 책을 반복해서 읽어 보세요. 건이, 강이를 위해서 도술을 부리던 도사님의 마음으로, 저도 할 수만 있다면 세계 모든 어린이의 입맛을 바꾸는 도술을 부리고 싶습니다. 그런 간절한 마음을 담아 어린이들이 건강해질 수 있는 방법을 연구해 이 책을 썼습니다.

이 책에 써 있는 대로 딱 2주만 실천해 보세요. 완벽하지 않아도 좋아요. 실패해도 괜찮아요. 다시 시도하면 됩니다. 독자 여러분이 당장의 만족감과 즐거움 때문에 정말 소중한 걸 잃지 않기를 간절하게 바랍니다. 항상 건강하고 원하는 걸 다 이룰 수 있는 멋진 어린이가 되길 바라며, 행운을 빕니다!

한약사 조승우 선생님이 알려주는 식습관 개선 프로젝트
# 어린이를 위한 채소 과일식

제1판 1쇄 발행 | 2024년 4월 5일
제1판 4쇄 발행 | 2024년 7월 25일

지은이 | 조승우
그린이 | 오승만
펴낸이 | 김수언
펴낸곳 | 한국경제신문 한경BP
책임편집 | 마현숙
교정교열 | 최은영
저작권 | 박정현
홍  보 | 서은실·이여진·박도현
마케팅 | 김규형·정우연
디자인 | 장주원·권석중
본문디자인 | 디자인 현

주  소 | 서울특별시 중구 청파로 463
기획출판팀 | 02-3604-590, 584
영업마케팅팀 | 02-3604-595, 562    FAX | 02-3604-599
H | http://bp.hankyung.com    E | bp@hankyung.com
F | www.facebook.com/hankyungbp
등  록 | 제 2-315(1967. 5. 15)

ISBN 978-89-475-4949-3　73810

책값은 뒤표지에 있습니다.
잘못 만들어진 책은 구입처에서 바꿔드립니다.